Diogenes Taschenbuch 24694

de
te
be

Gefährliche Ferien – Mallorca, Menorca und Ibiza

Ausgewählt von
Theresa Clasen und Till Tannhäuser

Mit einem unveröffentlichten Text von
Patricia Highsmith

Diogenes

Originalausgabe

Alle Rechte an dieser Ausgabe vorbehalten
Copyright © 2023
Diogenes Verlag AG Zürich
www.diogenes.ch
100/23/36/1
ISBN 978 3 257 24694 0

Inhalt

Mallorca

Stadt der Seemänner und der prüden Kathedrale, die Straßen so karg und spitz und einsam wie in Amerika. Ein kleiner, feiner Hafen, zu zart für die großen Schiffe aus Marseille und die transatlantischen Liniendampfer. Das Mallorca des weißen Leinenanzugs, der hohen, blassen Drinks und des Gehstocks. Man kann immer weiter und weiter durch die Straßen aus blassroter Erde oder Kopfsteinpflaster gehen, aber nie weit genug zurück in der Zeit, als dass alles, was zu tief unter der Oberfläche ist, wieder aufsteigen / aufleben könnte. Nie wieder wird es das Jabot geben, die Samtweste, die neunschwänzige Katze, den echten Absinth, oder die Prostituierte mit roten weichen Lippen und leuchtend schwarzen Augen. Nur die prüde Kathedrale mit ihrem Strebewerk und das eine gute Café (Formentor) übervoll mit gelangweilten Touristen, die sich über den Preis von Schuhen unterhalten. Auf dem Platz werden die zerlumpten Uniformen von Francos Soldaten nie die Seemänner mit ihren Entermessern ersetzen, im Dienst ihrer selbst und ihres Landes. Im Hafen zeugen nur die rotbraunen, rotschwarzen Netze der Miesmuschel- und Austernfischer noch von der alten Anlage von 1812, 1830, als die ins Castillo geschnitzten Namen noch schön waren, mit Serifen verzierte Zahlen und Buchstaben.

Der Traum bleibt, ist aber nur noch Realität in den los-gelösten Seelen derer, die mit den Frauen, die sie lieben, in den oberen Stockwerken der am Hafen aufgereihten Meer-blick-Hotels schlafen. Dort wird das Fleisch zur Berüh-rung, so lebendig und unmittelbar wie ein Stromschlag. Dort werden Lippen zu anrührender Schönheit, und in der Berührung dieser Lippen liegt Mallorcas Sonnenlicht der Monate April und Mai. Dort ist Mallorca, in der Berüh-rung von Lippen, deren Blut direkt unter der Oberfläche pulsiert.

Im Hafen von Mallorca umschmeichelt grünes Wasser die großen Felsbrocken am Ufer und breitet ihr grünes und rotes Seetang-Haar um sie aus. Träge Möwen vertrei-ben sich die Zeit in der Luft. Und alles ist Stille. Über das Wasser hinweg liegen an den Docks riesige lange Schiffe, schmutzige wie saubere, Kräne spreizen sich empor und posaunen ihre Aufgaben hinaus. Ein leuchtend rotes Band um einen davon ist die einzige auffällige Farbe in dieser sanften spanischen Pastelllandschaft.

Am Plaza debattiert Douglas K., um die vierzig, gut-aussehend und hypochondrisch, quälend lange mit seiner zwei Tage alten Bekanntschaft darüber, wo er den Winter verbringen soll. Florenz kommt nicht in Frage, weil er sich dort eine Lungenentzündung geholt hat. Genauso wenig ein bestimmtes Refugium an der Riviera, denn es liegt auf einem Hügel und er ist kein guter Bergsteiger. (»Ich atme nur auf einer Seite.«) Er geht dazwischen, als der Café-Be-sitzer ihm den Café au Lait im üblichen Verhältnis eingie-ßen will. Demasiado fuerto. Mehr Milch, bitte.

Im Hotel diskutieren pensionierte Engländer über den

Verfall von indischen Wertpapieren und die Preise von Tee und Baumwolle. Sie sind in Mallorca des günstigen, angenehmen Lebens wegen, aber es kann nie günstig genug sein und ihren Mienen nach zu schließen, ist es auch nicht angenehm. Manche von ihnen leben seit sechs Monaten, zehn Monaten, seit über einem Jahr im Hotel Victoria, verpassen keine Mahlzeit, keinen Tee, sprechen nie von etwas anderem, als wo man sich in der Stadt am günstigsten die Schuhe putzen lassen kann, wo es den besten Gin für das kleinste Geld gibt.

Die Hotels sind einheitlich erstklassig, doch alle von einem Hauch 19. Jahrhundert umweht. Drei Mahlzeiten, eigenes Bad, geheiztes Zimmer für drei Dollar pro Person pro Tag. Vom Blick auf den Hafen ganz zu schweigen, der mit seinem Leuchtturm, seinen Felsen und Bäumen der Riviera oder der Côte d'Azur in nichts nachsteht.

INGRID NOLL

Goldene Löffel

Früher, als Josefa noch lebte, sah es in Cala Barca anders aus: Zwischen Felsküste und Kiefernwald standen nur wenige Villen reicher Ausländer. Josefa putzte die Häuser von fünf Franzosen und einer reichen Gräfin aus Frankfurt, stritt mit dem Gärtner, wenn sie fand, daß er zu schlampig gegossen hatte, und hielt Kontakt mit dem Gasprüfer und anderen kommunalen Abgesandten. Kurz gesagt, es war ein Vertrauensposten, denn die Herrschaften waren ja die meiste Zeit des Jahres nicht anwesend.

So umsichtig wie ihre Vorgängerin war Pilar nicht, schließlich hatte sie noch anderes im Kopf, doch wuchs ihre Achtung vor Tante Josefa postum Jahr für Jahr. Wenn die Gräfin Weihnachten auf Mallorca feierte und ihre deutsche Verwandtschaft anrückte, hatte es Streß für ihre Tante gegeben. Nun hätte man erwartet, daß wenigstens die Trinkgelder reichlich flossen, aber davon konnte nicht die Rede sein. Man ließ sich bedienen und es dabei bewenden. Alle fünf Jahre fand im Sommer ein Klassentreffen statt, auf dem sich die zehn eingeladenen Veteraninnen kaum anders benahmen. Schon Tage vor dem Ereignis ließ sich die Gräfin massieren und einölen, um als Schönste unter den alten Krähen zu glänzen.

Irgendwann mußte es selbst der fleißigen Josefa zuviel

geworden sein. Als wieder einmal zwölf oder mehr Personen die Feiertage hier verbrachten, als eine deutsche Köchin eine deutsche Gans zu deutschem Rotkohl bereitete, hatte sie sich derartig aufgeregt, daß sie einen Herzinfarkt bekam und starb.

Nach ihrem Tod erbte Pilar nicht nur Josefas Häuschen, sondern übernahm auch ihre Aufgaben und putzte bei denselben Familien. Schon im voraus hatte sie regelrechte Panik vor dem gräflichen Weihnachtsfest: erstens weil ihre Tante anläßlich dieser Überforderung gestorben war, zweitens weil sie nun selbst den gleichen Kraftakt bewältigen mußte. Im Gegensatz zu Josefa hatte Pilar einen Mann und Kinder, die ihrerseits Ansprüche stellten. Sollte sie kündigen? Sie beschloß, sich wenigstens im ersten Jahr der schwierigen Aufgabe zu stellen.

Die Gräfin war kinderlos. Früher war sie wohl mehrmals im Jahr hierhergekommen, jetzt waren ihr die häufigen Flüge zu beschwerlich. Wenn Pilar die Franzosenhäuser in der Nähe saubermachte und sah, daß Esteban in der deutschen Villa die Pflanzen sprengte, dann lief sie schnell auf einen Schwatz hinüber. Der Gärtner war fast so alt wie die Gräfin und erzählte, daß sie dreimal Witwe wurde. »In ihrer Jugend war sie eine bildschöne Frau«, sagte er, und seine trüben Augen bekamen einen feurigen Glanz, »bei den ersten beiden Männern ist sie reich, beim dritten adlig geworden.«

Seit ihrer vierten Gesichtsstraffung konnte von Schönheit allerdings nicht mehr die Rede sein. Ähnlich ihrer Villa war sie renovierungsbedürftig, im Gegensatz zu einem Haus jedoch nicht mehr tauglich dafür. Aber wie in jungen

Jahren fragte sie jeden Sommer: »Esteban, hast du auch das Meer geprüft?« Wenn er keine Quallen gesichtet hatte, auf die sie allergisch reagierte, schwamm sie eine Viertelstunde im warmen Wasser und gerbte dann ihren Eidechsenbauch auf dem Sonnendach. Von dort aus konnte sie direkt das Schlafzimmer betreten, ein rundes Turmgemach mit sechs Fenstern und neun Spiegeln. Es war wohl einmal eine richtige Liebeslaube gewesen.

Wo sie nun alt und reich geworden war, klammerte sich die Gräfin heftiger denn je an ihre weitläufige Familie, deren Mitglieder allerdings nicht »von« und »zu«, sondern »Schulz« und »Schmitt« hießen und Hessisch sprachen. Ihre tiefäugige Schwester Traudel hatte insgesamt neun Enkel zwischen 15 und 28, die von der Gräfin als Hoffnungsträger und Lichtblick ihres Lebensabends angesehen wurden.

Pilar hatte eine andere Meinung über diese arroganten Herrchen und ihre faulen, aufgetakelten Schwestern. Die Gräfin ging zwar früh ins Bett, aber die jugendlichen Verwandten soffen bis in die Puppen und mußten am anderen Tag zum Nachmittagskaffee geweckt werden. Wenn Pilar saubermachen wollte, wußte sie kaum, wo anfangen. In allen zugänglichen Zimmern stolperte sie über Rucksäcke und Turnschuhe und stieß auf überquellende Aschenbecher und leere Gläser, in die Schlafzimmer traute sie sich erst gar nicht hinein.

Ihr besonderes Mißfallen erregte jedoch der gräfliche Liebling und vorgesehene Erbe. Es war ein junger Mann namens Sascha mit Pferdeschwanz, Schlapphut und Ohrringen, der nie den langen Mantel auszog und von seinen hilflosen Eltern in ein Internat gesteckt werden sollte. Zu allem Überfluß hatte er einen sabbernden Köter angefüttert, der Pilar stets die Beine ablecken wollte. Da die drei Toiletten dem Ansturm nicht immer gewachsen waren, sah sie Hund und Herrn ungeniert gegen Estebans Schubkarre pinkeln. Zwar hielt sich Sascha für einen lustigen Charmeur, erreichte aber durch Süßholzraspeln und distanzlose Frechheiten bei Pilar das Gegenteil. Als stolze Mallorquinerin, die gut und gern doppelt so alt war, fühlte sie sich in ihrer Würde getroffen, wenn er sie herumkommandierte und Witze über ihre Oberweite machte.

Als wieder Ruhe einkehrte, weil die Heuschreckenplage am 2. Januar glücklicherweise abschwirrte, ging es ans große Aufräumen. Doch als die Gräfin die Bestecke in den Schrank schließen wollte, versuchte sie vergeblich die geliftete Stirn zu runzeln, denn es funkelten nur noch 23 goldene Löffelchen im Kasten. Nicht etwa, daß man wie im Märchen von goldenen Tellern aß, auch Messer und Gabeln waren vom üblichen 800er-Silber, aber die Dessertlöffel – Adel verpflichtet – waren aus reinem Gold. Natürlich befragte sie zuerst Pilar, die eifrig beim Suchen half. Es fanden sich zwar eine vermißte Brille im Zwiebelkorb, Kaugummis unter der Eßtischplatte, das Foto eines tätowierten Unbekannten und mehrere Taschentücher, Knöpfe und Sektkorken unter Sofas und Teppichen, aber der Löffel war weg. Der arme Esteban mußte den Inhalt eines prallen Müllsacks verlesen, was jedoch auch nichts einbrachte.

Erst als Pilar gute zwei Wochen später Zeit fand, ihren eigenen Haushalt in Ordnung zu bringen, und ihre schmutzige Kittelschürze in die Waschmaschine stopfte, bemerkte sie verblüfft einen harten Gegenstand in der Tasche. Obgleich sie an diesem Tag eigentlich frei hatte, schwang sie sich doch unverzüglich aufs Fahrrad, um der Gräfin die gute Nachricht zu überbringen.

Frohgemut betrat sie die Küche, den goldenen Löffel triumphierend in der Hand, als sie hörte, wie im Zimmer nebenan der Name ihrer Tante ausgesprochen wurde. Pilar hatte keine Probleme mit der deutschen Sprache und verharrte lauschend. Die Gräfin telefonierte offensichtlich mit ihrer Schwester: »Leider hat sich Josefa letztes Jahr an unserer Gans überfressen und ist an einer Gallenkolik gestorben«, vernahm die fassungslose Pilar, denn das stimmte nicht. Die Gräfin fuhr fort: »Aber weißt du, Traudel, ehrlich sind hier alle, Esteban besonders. In all den Jahren ist niemals etwas abhanden gekommen. Josefas dicke Nichte, ich vergesse immer ihren Namen, ist überdies viel zu dumm zum Klauen.« Grimmig steckte Pilar den Löffel wieder ein und spitzte weiter die Ohren. »Ja, natürlich, Löffel geraten schon mal mitsamt dem Joghurtbecher in den Mülleimer, aber ich habe einen ganz anderen Verdacht. Nächstes Jahr werde ich Kusine Martha nicht mehr einladen.« Ohne daß sie bemerkt wurde, verzog sich Pilar.

Eigentlich wollte sie dem ganzen Ärger durch eine Kündigung entgehen, wurde aber erstaunlicherweise vom eigenen Mann zum Aushalten überredet. Immerhin hatte sie zwischen Heiligabend und Neujahr täglich mehrere unvollständig geleerte Schnapsflaschen mit nach Hause gebracht. Inzwischen war auch ein Plan in ihr herangereift.

Im nächsten Jahr war Sascha zwar älter, aber noch aufdringlicher geworden, machte einer 15jährigen Nervensäge namens Mandy den Hof und schickte Pilar zum Zigarettenholen ins Dorf. Selbst die Gräfin betrachtete ihren Favoriten mit leichter Ernüchterung. Diesmal war es kein Zufall, daß zwei goldene Löffel verschwanden. Pilar bemerkte mit Genugtuung, wie die Gräfin auf einem Notizblock die Namen ihrer senilen und infantilen Verwandten auflistete und mit Haken oder Fragezeichen versah.

Ihr rotnasiger Schwager Benno war der zweite, den sie im Visier hatte; schon vor Jahren war er durch betrügerischen Bankrott unangenehm aufgefallen, danach durch permanentes und zudringliches Schnorren. Jetzt, wo er gänzlich unbrauchbar und läppisch geworden war, grapschte er nach halbwüchsigen Nichten. Die Gräfin beschloß, ein für allemal mit Benno zu brechen. Allerdings hatte das zur Folge, daß ihre Schwester Traudel, beleidigt über diesen Ausschluß, nun auch nicht mehr kommen mochte.

Es war schon eine gewisse Erleichterung für Pilar, drei Personen weniger bedienen zu müssen. Trotzdem waren es noch zu viele, wie sie fand, und ein Grund zum beherzten Handeln lag vor.

Zwar mußte sich die Gräfin beim Fehlen von vier weiteren Löffeln eingestehen, daß sie die Falschen verdächtigt hatte, aber da sie den wahren Grund für die abgebrochenen Beziehungen nie ausgesprochen hatte, konnte sie nichts zurücknehmen. Sie kam nicht umhin, auch Sascha zu verstoßen, obgleich es ihr selbst sehr weh tat. Da sich der Junge aber stets im Glanz ihrer Zuneigung gesonnt hatte, forderte er eine Begründung für den Bannfluch. »Du stiehlst seit Jahren meine goldenen Löffel!« bekam er, außer einigen ihm unverständlichen Ausdrücken wie *defraudant* und *cochonnerie*, zu hören. Sascha beteuerte vergeblich seine Unschuld. Auch seine bisher erfolgreichen Schmeicheleien stießen auf taube Ohren, die »beste aller Großtanten« änderte ihr Testament und enterbte ihn.

Pilar überlegte, wieviel man ihr in Barcelona für die Löffel auszahlen und ob die Summe für ein gebrauchtes Auto reichen würde. Die Gräfin hatte sich mit ihrer gesamten Verwandtschaft heillos überworfen und kam fortan nur noch im Sommer nach Mallorca. Sie hatte immer noch genug Goldlöffel, um in diesen vierzehn Tagen jeden Mittag mit einem anderen ihren Zitronensaft umzurühren.

Eines Tages, als Pilar die Einfahrt des Nachbarhauses kehrte, wurde sie von Esteban herbeigewinkt. »Gestern mußte ich sie nach Palma fahren«, erzählte er mit schadenfrohem Grinsen, »und zwar zu einem Antiquitätenhändler, der auf Edelmetalle spezialisiert ist. Um zu wissen, was sie – auf Heller und Pfennig genau – durch den Diebstahl verloren hat, wollte sie ihre Löffel schätzen lassen. Ich stand selbst daneben, als der Fachmann die Lupe nahm, wog und kratzte. Du wirst es kaum glauben, Pilar, die Löffel sind nur mit einer dünnen Goldschicht überzogen und nicht viel wert.« Pilar fühlte sich betrogen.

Doch als kurz vor dem geplanten Klassentreffen eine forcierte Schönheitspflege auf dem Programm stand, wußte Pilar plötzlich, was zu tun war.

Eine glibberig-glasige Qualle wurde mit einem Rest Bodylotion in der Küchenmaschine zu einer perfekten Emulsion verarbeitet. Mit goldenem Löffel füllte Pilar das teuflische Elixier in ein kostbares blaues Glasfläschchen, aus dem sie die allergengetestete Schönheitsmilch entfernt hatte; am

Abend vor dem Eintreffen ihrer Freundinnen würde die Gräfin zweifellos ihre überempfindliche Haut mit einer großzügigen Dosis Quallenmixtur verwöhnen. Es war damit zu rechnen, daß sie ihren Gästen nur verschleiert entgegentreten konnte, falls es nicht weitaus schlimmer kam.

Führerlos in Palma

B eatrice, Pedro hat eine Idee, wie wir an Geld kommen
können!«

»An Ideen fehlt es dir ja auch nicht, doch bin ich neugierig, was der Junge vorschlägt, laß hören.«

»Prostitution!«

»Danke! Hab mir's übrigens halb gedacht. Ihr seid un-
ausstehlich, wie Lausbuben. Ich soll also auf die Straße!«

»Ja, auf die Straße, aber mit mir, beide, weißt du, ganz
großer Strich, wir werden Führer.«

Das Wort Führer hatte damals schon einen üblen Beigeschmack, aber nur ganz leicht, wie bei einem Kotelett
um den Knochen herum, wo es immer zuerst zu riechen
anfängt. Führer, das rief etwas Lächerliches auf, man sah
die Wichsbürste des Schnauzes und die Haarlocke eines
Homosexuellen, den Blick eines Irrsinnigen, und das alles
in Uniform, um die Komik zu erhöhen und ins Tragisch-
Deutsche zu heben. Den internationalen Witzblättern bot
das einen billigen Stoff, wo sich eigentlich die Kriminalpsy-
chologen und der Irrenanstalt meiner Vaterstadt berühmter
Dr. Orthmann mit dem Manne hätten beschäftigen müssen,
in dessen Namen schon Tausende von Morden begangen
worden waren. Aber in sogenannten heroischen Zeiten
muß das Blut ja erst in Strömen fließen, ehe man merkt, daß

man es mit Blut zu tun hat. Deutschland mußte erst selbst zu einem Irrenhaus werden, um das Wort wahr zu machen: der Kerl endet noch in der Gummizelle.

So wurden wir Führer ohne Anführungszeichen.

Pedro brachte uns mit dem Leiter eines Reisebüros zusammen, eines deutsch-spanischen Unternehmens, Baquera Kusche y Martins geheißen. Der Direktor war ein Deutscher mit stark links gerichteten Ideen und viel Ranküne im Herzen. Sonst schien er ein guter Herr zu sein, dessen Wiege in Hamburg oder da oben gestanden hat, wo man S-tein und s-toßen s-pricht; und der liebte es, mich meines rheinischen Singsangs wegen zu necken. Wir verstanden uns gut und wurden handelseinig. Die Firma organisierte Gesellschaftsreisen mit Woermanndampfern, Führungen durch die Stadt Palma und über die Insel. Der Herr Führer bekam dann eine Nummer, sichtbar zu tragen, eine Armbinde, und abends, wenn die Horden ihn halbtot gefragt und gejagt hatten, 25 Peseten. Das war für uns sehr viel Geld.

Man kann als geborener Führer auf die Welt kommen und hebt die Welt aus den Angeln. Man kann es aber auch lernen, die Massen zu führen. Dem angelernten Führertum klebt natürlich zeitlebens etwas Stümperhaftes an, wie jedem Beruf, zu dem man sich emporgebüffelt hat. Man erfüllt seine Pflicht, stellt die Leute zufrieden und hat sein Brot, mehr ist es nicht. Anders die Glücklichen, die in ein Amt hineingeboren werden. Alles geht ihnen spielend von der Hand, und wenn es eine Berufung ist, die mit Menschen unmittelbar zu tun hat, Mörder oder Schalterbeamte zum Beispiel: dann spielen sie mit diesen Menschen; und wenn es um Menschenleben geht, setzen sie es aufs Spiel, als klopften sie einen Jaß.

Als Führer in Dienst genommen, wurden wir auf Handschlag vereidigt. Unsere, vor allem Beatricens Sprachkenntnisse waren eine Empfehlung, unser Bildungsgang nicht minder, die Bildung selbst erntete auch Beifall; und das Aussehen: befriedigend. Wir bekamen einen Führungsplan, den sollten wir studieren, uns vertraut machen mit den Sehenswürdigkeiten der Insel, falls wir das noch nicht getan hätten, lange genug seien wir ja schon im Lande; auch Literatur stände zur Verfügung. Denn es sei strengste Pflicht: der Führer dürfe den Geführten nie eine Antwort schuldig bleiben! – »Der Führer weiß alles! Merken Sie sich das, und Sie werden ein guter Führer werden!«

*

Beatrice präparierte sich. Bücher wurden verschlungen, Auszüge gemacht, Daten gemerkt. Dann zog sie durch die Stadt und besichtigte brav alle angekreuzten Sehenswürdigkeiten. Da wir kein Geld für eine Führerübung verplempern konnten, blieben die Sternchen außerhalb Palmas unberücksichtigt. Ich las nichts, besah nichts, weil ich doch kein Gedächtnis habe und auch nicht an Grüfte glaube. Am Vorabend der Führung könnte ich mich zur Not noch ein wenig orientieren, damit die Leute nicht in die falschen Attraktionen geführt würden. Dann kam der Stellungsbefehl: ein Woermannschiff. Rund zwanzig Führer wurden aufgeboten. In langen Reihen standen die gemieteten Autos um sieben Uhr an der Mole. Der Reiseleiter verteilte die Listen, Abzeichen und schriftlichen Instruktionen. Jeder bekam eine Gruppe von 20 bis 25 Personen, die auf Autos verteilt wurden. Unter den Führern waren Berufsdolmetscher, die von jeder Sprache die benötigten 1000 Worte besaßen; einige sprachen sie sogar. Seit Jahren schon zerrten sie die Fremden, die sie übrigens als echte Insulaner verachteten, über die Insel und streckten dann die Hand hin.

Obwohl das Schlagwort des spanischen Verkehrsvereins: »Mallorca Clima Ideal« wie alle Schlagworte auf Schwindel beruht, oder sagen wir auf einer falschen Ausdeutung der Wetterwendischkeit, und schon Tausenden der Aufenthalt auf der Insel verregnet ist, wollen wir annehmen, daß am Tage unserer Jungfernführung heißer Staub und heiße Sonne auf uns alle niedersengte. Der Dampfer lag im Golf vor Anker, die Hafenpolizei war bereits an Bord geklettert, Schaluppen, Barkassen und Pinassen waren ausgefahren. Dann kamen die ersten Schübe und schwärmten aus. Jedem Teilnehmer an der Exkursion war sein Auto zugewiesen worden, er brauchte nur die betreffende Wagennummer zu suchen oder bei der Ausschiffung zu nennen. Organisieren können diese Deutschen, aber Vertrauen in ihre eigene Organisation haben sie nie gehabt. Ein Hetzen begann, ein Schreien, man rempelte sich an, zeigte sich die Zähne; jeder wollte der erste sein, den besten Wagen und im Wagen den besten Platz erwischen; mancher Vater fiel über manche Mutter, Töchter vergaßen, daß sie höhere waren, Söhne mit Schmissen wähnten sich auf dem Paukboden und hauten um sich, um für die alten Herrschaften das eleganteste Auto zu erobern: wozu reist man schließlich 1. Klasse? Bei einem Schiffbruch werden solche Szenen mit der Pistole gemeistert. Wir durften nicht schießen und hatten unsere Not mit den teuren Herrschaften: »Ihre Nummer, bitte? Nein, Verzeihung, Sie bekommen den nächsten Wagen, es steht ja drauf geschrieben.« – »Was, den ollen Kasten, da setzen *wir* uns nicht rein, ne danke! Meiers dort, die haben den großen Mercedes-Benz, sind die vielleicht mehr als wir? Wissen Sie, wer Meiers sind? Wo kann man sich hier beschweren, bitte?« – »Bitte, beim Führer, oder bei der obersten Reiseleitung in Hamburg, beim Führer geht's aber fixer.« – »Na, dann geben Sie mir den Führer, sofort, sonst fahren die uns vor der Nase weg. Wir sind 1. Klasse, falls Sie das nicht wissen sollten. Wo ist der Führer?« – »Das bin ich, wenn Sie gütigst erlauben, und als solcher kann ich Ihnen verraten, daß der Wagen, den wir für Sie ausgewählt haben, ein ganz besonderer Wagen ist, einer mit einer Bewandtnis.« – »Liesel, komm doch mal, Herr Führer hier sagt, unser Wagen habe eine Bewandtnis, das müssen wir hören, laß die Meiers doch fahren.« Liesel kommt, auch die Töchter und der Sohn. Ich erkläre: »Dieser alte Rummelkasten ist ein ausrangierter Luxuswagen, das sehen Sie selbst. Er hat keinem Geringeren gehört als dem berühmten und berüchtigten Bankier Juan March, Sie wissen ja natürlich, derselbe, und die Bewandtnis, das ist der Motor, 200 PS, den hat der Halunke sich damals einbauen lassen für seine Rauschgiftfahrten. Unter uns, auch Leichen sind darin befördert worden. Ich zeige Ihnen nachher ein paar Einschußstellen. Historischer Wagen, sage ich Ihnen, falls Ihnen das was sagt!« Die Familie stutzt, ist aber gebildet genug, widerstandslos im historischen Gangstervehikel Platz zu nehmen. – »Der von den Herrschaften, die Sie scherzhafterweise Meiers nennen, sieht besser aus, aber der Motor taugt nicht. Den kenne ich von hundert Führungen: Panne nach 30 km.«

Der Chauffeur nimmt Platz, ich setze mich neben ihn. Vati und Mutti im Fond strahlen, die Töchter und der Sohn auf den Klappsitzen strahlen, denn schließlich hat man es mal wieder blendend getroffen: man sitzt im Führerwagen!

So, die wären fürs erste ruhig und können noch schnell vor der Abfahrt eine Karte an Tante Amalie schreiben: Rate mal, liebes Tantchen, wo wir jetzt sitzen? Im Führerwagen! – Da muß ich wieder raus, an anderen Stellen wird gemeutert, eine Schlägerei droht – in Beatricens Gruppe. Beatrice steht eingepöbelt in der Horde, im Eifer redet sie Französisch, und das wirkt Wunder. Es sind ja feine Leute, die alle Sprachen können, die werden nun sanft wie Lämmer und suchen ihre Brocken zusammen – »aber bitte, Madame, sprechen Sie weiter Französisch, das können wir alle, und Ihnen als Spanierin fällt das leichter, obwohl, auch alle Achtung für Ihr Deutsch, ein bißchen Akzent, das klingt so lustig. In Valencia, da war ein Führer, der sprach auch Französisch, vielleicht kennen Sie ihn, einen so schwarzen, wissen Sie, mit vorne …«

Ich erwische Beatrice noch für einen rasch hingemaulten holländischen Fluch: zum Kotzen, dieses Gelichter, ersäufen soll man das, totschießen, in die Affenbrotbäume knüpfen! Aber Beatrice, in der Etage reizbar bei Spucke und Fußstapfen auf dem blanken Boden, ist hier wie ausgewechselt und beruhigt sogar noch mich mit dem Hinweis, das sei eben 1. Klasse, aber es kämen auch anständige Touristen, III., dann sei es erträglich, und weg war sie, hinter einer Furie von Dame her, die mit erhobenem Ridikül auf einen Unterführer los will: Der Chauffeur habe versucht, kaum daß sie ihren Platz neben ihm eingenommen, sie wohin zu kneifen, jawohl, bitte, und das ließe sie sich nicht bieten! Andere Damen wiederum waren wütend, weil man sie noch nicht entsprechend gekniffen hatte: wozu reise man schließlich als alleinstehende Dame nach Spanien? Ich gab allen recht. Das hätte man gleich im »Turm der Uhr« abladen sollen und dann die Bullen los; aber sie kämen unterwegs schon auf ihre Kosten erster Klasse. So ein spanischer Fahrer strotzt vor Männlichkeit, und wie die chauffieren können, was ja einheizen heißt: eine Hand am Steuer, die andere in der Kundschaft, man kreischt, vor allem in den Kurven, wo sich der Schenkeldruck erhöht – wenn das nur gut geht! Aber in all den Jahren meines Führertums habe ich nie von Unfällen gehört, die auf solchen Dienst am Kunden zurückzuführen waren. Mal eine Schramme am Kotblech, ein zerrissenes Höschen …

Eine Stunde dauert eine derartige Ausschiffung, dann sind die Massen verstaut, der Reiseleiter gibt das Zeichen, die ersten Wagen können abfahren, Gruppe 1, Führer 1; nach 5 Minuten: Gruppe 2, Führer 2 – bis sich die Schlange durch die Stadt und über die Insel windet. Erster Haltepunkt: »La Lonja«, die alte Börse, ein beredter Zeuge des einstigen Reichtums der Stadt. »Wie Sie sehen, meine Herrschaften, schloßartiger Sandsteinbau in gotischem Stil, kleine Minarette, erste Hälfte des 15. Jahrhunderts, erbaut von Guillermo Sagrera, reicher Skulpturenschmuck, vier Ecktürmchen, brustwehrartige Dachgalerie. Im Innern, wenn ich bitten darf, aber aufpassen, manchmal kommen Steinbrocken herunter, im Innern ist das Innere durch sechs gewundene Säulen in drei Schiffe geteilt, beachtenswert vor allem die Sammlung von Gemälden aus dem 15., 16. und 17. Jahrhundert. Eine Wendeltreppe führt, wie Sie sich bitte überzeugen wollen, auf das Dach und weiter auf einen der Ecktürme, der einen überwältigenden Blick auf Stadt, Hafen und Bucht gestattet. Aber da gehen wir nicht hinauf, viel zu gefährlich, noch letzthin ist dort eine behinderte Dame abgestürzt und konnte nur noch als Leiche geborgen werden.«

Leichen ziehen immer, sonst steht alles wörtlich in meinem Baedeker, Ausgabe 1929, und manche Führer, Beatrice ohne Zweifel, haben diese Tatsachen ipsis verbis mitgeteilt. Ich tat es nicht, aus dem einfachen Grunde, weil sie mir fremd waren. Ich war einzig darauf bedacht, ein paar Schritte vor den Geführten das Gebäude zu betreten, um mit allesumfassendem Führerblick zu ermitteln, was denn da drinnen los sei. Dann sammelte ich die Schar um mich und erklärte alles nach bester Phantasie, die mich schon nach ein paar tastenden Eingangsworten in die Hochblüte des mediterranen Piratenwesens führte: in diesem Palast hätten die Seeräuber ihre Schätze verlesen, entführte Frauen vergewaltigt, die unbrauchbaren verkauft; oben seien vier kleine Pulverkammern, dann taucht mein General auf – »und aus ist es mit der Schäumerei. Barceló säuberte das Mare Nostrum! Die Gemälde hier erinnern noch an die wilde Zeit, werfen Sie eben einen Blick darauf, viel sehen Sie nicht, Alterspatina, und nun müssen wir weiter« – ich höre den nächsten Führer kommen, und bringe meine Leute vor falschen Erklärungen in Sicherheit. Das hätte geklappt, die Geschichte hat allen gefallen, mehr will ich nicht, die Bande ist auf ihre Kosten gekommen. Das heißt, ein älteres Fräulein, die Nase im Baedeker, kommt und sagt, da stände ganz was anderes, ob das vielleicht nicht die »Lonja« sei – und ein noch älteres Fräulein, dem ich zugezwinkert hatte, meint schnippisch, wer es denn besser wissen müsse, der Herr ortsansässige Führer oder der wildfremde Baedeker, und ich sei sicher schon lange im Fach! Nicht nur das, auch noch von einem Verlag beauftragt, ein neues Handbuch über Mallorca herauszugeben, mit bisher unveröffentlichtem Material, zum größten Teil von mir selber ausgegraben, und alles brächte ich ohne jede Rücksicht auf die historische Empfindlichkeit der Eingeborenen zur Sprache.

»Vater, hast du gehört, unser Führer schreibt einen ganz neuen Führer über die historische Empfindlichkeit der Insel, den müssen wir aber kaufen, wo wir den Führer doch gekannt haben, nicht wahr, Vater?«

»Natürlich, Agnes, das sind eben Pioniere des Deutschtums im Auslande, die machen unseren Namen groß; und nachher wollen wir den Herrn Führer bitten, mit uns auf das Vaterland anzustoßen, es findet sich schon eine Gelegenheit; aber jetzt, Agnes, mußt du aufpassen, wir machen die Reise ja nicht nur zum Vergnügen, sondern hauptsächlich deiner Bildung wegen. Reisen bildet mehr als Schule und Elternhaus zusammen.«

»Verzeihung«, jemand tritt an mich heran und unterbricht das Bildungsgespräch meiner Opfer, »das Gemälde da rechts in der Ecke, das ist doch ein später van Dyck?«

»Das? nein, ein früher Hodler, aber Ihre Frage ist wichtig und ich bin Ihnen dankbar, daß Sie sie angeschnitten haben. Man hat nämlich immer noch nicht mit Sicherheit feststellen können, wie das Kunstwerk gerade nach Mallorca verschlagen worden ist. Das Berner Landesmuseum untersucht den Fall. Dr. Iselin, Sie werden von ihm gehört haben, ist in eigener Person gekommen. Wir arbeiten übrigens zusammen.«

»Danke, sehr interessant, ich habe von der Sache schon gehört.«

»Bitte.«

Mehr konnte ich zu dieser brennenden Standortsfrage nicht beitragen, ohne dem Schweizer das Wasser allzusehr abzugraben; und ehe ein sehr gut aussehender Herr mir eine, ich sah es ihm an, sehr gefährliche Frage vorlegen konnte, saß ich bereits wieder im Führerwagen, und durch Straßen und Gassen ging es zur Kathedrale. Dort wußte ich ein wenig Bescheid. Aus der Zeit unserer beschaulichen Hungerwanderungen war mir die eine oder andere Merkwürdigkeit beigeblieben; aber wer unter den vielen Sarkophagen schlummerte, wie lang, wie breit, wie hoch; wieviel Säulen, wann erbaut, warum, mit welchem Gelde, mit wessen Schweiß, von wem noch gar, und wann der Verfall eingesetzt habe, wann sie restauriert werden würde; wie viele Menschen sie fasse – Herrschaften, fragt mich das um des Himmels willen nicht, zu dessen Ehre sie wohl dasteht, denn ich weiß es nicht und müßte wieder zur Legende greifen. Betet lieber zu eurem Führer. Kirchen sind zum Beten erbaut und nicht zum Besichtigen, das haben die meisten Menschen vergessen.

Für die Kathedrale ist eine halbe Stunde vorgesehen. Ich bitte die Gruppe, erst einmal den kolossalen Raum auf sich wirken zu lassen. Alle tun das, die Hälse recken sich wie bei Hühnern, über die der Habicht schwebt. »Einfach kolossal!« – »Nicht wahr?« Dann kommt die erste Frage: warum die Säulen, die das Mittelschiff tragen, nach innen leicht geneigt seien? Verdammt, das hatte ich noch nicht bemerkt, sie stehen tatsächlich schief. Der Turm von Pisa blitzt durch mein Hirn, kann ich mit dem hier was anfangen? Eine partielle Inklination? – und da bringe ich erst mal den Zimt, der immer weiter hilft: »Ihre Frage ist wichtig und zeugt von einem ungewöhnlichen Kombinationsvermögen. Vermutlich sind Sie Kunsthistoriker und werden als solcher eigene Wege gehen.«

Der junge Mann bejaht, da muß ich auf der Hut sein. Selbst auf ausgetretenen Pfaden können Fußangeln liegen. Vater und Mutter treten einen Schritt vor und blicken stolz auf den Sohn, der so gescheite Fragen stellt. Das ganze Schiff wird es heute abend schon wissen: der bringt es noch weit, der bringt Probleme ins Rollen und Führer in Verlegenheit – aber soweit sind wir noch nicht. Ich berufe mich auf einen Vorsokratiker, der einmal gesagt hat, die gut gestellte Frage sei die halbe Antwort, indessen ginge dieser Satz in der Kunstgeschichte nicht immer auf und hier in der Kathedrale schon gar nicht. Es umdunkeln sich die Blicke der Eltern, der Sohn sagt »bitte?« und ich merke, daß ich seinem Prestige und damit dem meinigen schade. Ich sage: Wir könnten von zwei Urideen ausgehen, von der religiösen und der bautechnischen, doch scheine es mir besser zu sein, die beiden zu vereinen, denn bekanntlich seien die großen Dome aus religiös-rhythmischer Versenkung und technisch-säkularem Schauvermögen entstanden. Darum bauten unsere Jahrhunderte keine Kathedralen mehr. Das wird bestätigt, und noch mehr wird bestätigt, was ich mit eleganten Handbewegungen vortrage. Vor allem der Kürbisgriff, der die begrenzte Unermeßlichkeit des Domraumes im Raume noch einmal nachzeichnet, verfehlt seine Wirkung nie. Der Student ließ mich aber nicht von der Leine, er war ausgesprochen lästig mit seiner Insistenz, und da sich wieder mehr Teilnehmer zu meiner Gruppe zurückgefunden hatten und mit schiefen Köpfen mithörten, mußte ich mit der Sprache heraus. Ich strich mir den Verstand unter die Sohlen, gürtete die Plempe der Unverfrorenheit um und fand augenblicks des Rätsels Lösung: Mystische Neigung, die Säulen seien mystisch geneigt. So etwas muß man aber mit feierlich widerhallenden Ausdrücken sagen, dann ergreift es: »Inclinatio mystica, Herr Doktor, das ist Ihnen ja ein Begriff, und hier begegnen wir dem einzigen Fall in der mediaevalen Mystik, wo diese Tendenz direkt in den architektonischen Raum übertragen worden ist.« Der Adept bestätigt vor der lauschenden Schar, daß er diese Sorte Neigung kennt. Weitere zehn Minuten Geschwafel, und geklärt war, wie die Baumeister die Pfeiler hatten aufziehen können, ohne daß ihnen der ganze Turmbau zusammenstürzte, denn sie stehen aus der Mittellinie, was einer der Teilnehmer, wohl ein Architekt, inzwischen festgestellt hatte. Vigoleis wieder ran ans Zeug: Kärrner, Tausende Kärrner setzte er in Bewegung und ließ sie das ganze Schiff mit Sand füllen, um die Säulen vor dem Einsturz zu bewahren. Es schien mir das Ei des Kolumbus zu sein; aber Mißtrauen wurde laut, ein paar ungebildete Fratzen lachten, ein Herr zog einen Rechenschieber und sagte:

»Na, mein Lieber, so 'ne kolossale Erdbewegung, das haben wir schnell.« Meine Knie schwankten. Rechenschieber arbeiten zwar hinter dem Komma überhaupt nicht genau, und kurz davor lassen sie auch der Phantasie viel Spielraum; aber ich würde entlarvt und log mir doch nur 25 Peseten zusammen: keine Antwort schuldig bleiben! Ein Führer weiß alles.

»Na, mein Lieber, das hätten wir, alle Achtung! Beim Bau des Suezkanals ...« Alles lauschte dem Kanalsachverständigen. Ich atmete auf; ich war mit heiler Haut entkommen, die Kathedrale von Palma versank ins Nichts, die schiefen Säulen gaben nach, niemand kümmerte sich darum, denn es war ein Streit unter den Herrschaften entstanden, ob nicht Ferdinand von Lesseps, der Erbauer meines rettenden Kanals, doch ein Deutscher gewesen sei, und die Welt, die Neider, Deutschland auch diesen Ruhm wollten streitig machen; man denke nur an Johannes Gensfleisch zum Gutenberg, dem die Holländer ihren Coster vor die Nase setzen ...

Gott war mit mir und gegen meine Deutschen, und da soll mir noch mal einer kommen und sagen, er wohne nicht in den nach ihm benannten Häusern!

Wir schlenderten weiter; ich wies auf die Fensterrose hin, deutsche Glasmaler hätten ihren Anteil an dem einzigartigen Werk, womit ich zufällig das Richtige traf. Dann kam wieder Ungereimtes, und haarig wurde es vor den steinernen Särgen, deren Inhalte ich durcheinanderwürfelte; keine Leiche blieb an ihrem heiligen Ort und keine wurde dem zugeschrieben, der sie im Leben gewesen war. Niemand merkte es, denn jemand hatte einen Vergleich mit deutschen Leichen angestellt, die viel besser seien. Das lenkte ab.

Und so ging es weiter, über die vorgesehene Zeit hinaus. Ich ließ Brunnen springen, wo keine waren, holte Sterne herunter, sargte Lebendige ein, alles für 25 Peseten. Leute, die 1. Klasse reisen, sind aber zum Glück so gebildet, daß sie auf alles hereinfallen. Und dann kommt ein Herr, stellt sich vor, wir schütteln uns die Hände, er hält mir seine Zigarrentasche hin, echte deutsche Brasil, oder lieber Wybert-Tabletten?, macht mir ein Kompliment für meine kolossal fabelhaften Erklärungen: Donnerwetter, das Beste bisher auf der Reise, denn ich müsse wissen, gerade auf dem Gebiete der Fremdenführung mache sich ein Unwissen breit: hahnebüchen! Dann nahm er mich beim Arm und wurde vertraulich, ich dachte, nun will er die Adresse von einem Puff haben; den schicke ich mit Empfehlungen in den »Turm der Uhr« – »doch bitte, Herr Führer, wissen Sie eigentlich, mit welchen Leuten Sie es zu tun haben, ich meine, haben Sie schon erfahren, wer unter uns weilt?«

Ich gestand, es nicht zu wissen, denn daß ich es mit Hornochsen zu tun hatte, hätte ich ihm doch erst am Abend beim Adiós an der Pinasse verraten können. Man habe uns nur gesagt, mit dem betreffenden Schiff kämen lauter Akademiker und ganz erste Gesellschaft, aber das merke man doch gleich an der Art, wie sich das ausschiffe. Die Jünger zu Emmaus hatten schließlich auch nicht gewußt, wer unter ihnen geweilt.

Der Herr brachte seinen Mund an mein Ohr und blies das Geheimnis hinein: »Von Puttwitz!«

»Von …?«

»Jawohl! Der General, leider in einer anderen Gruppe, aber den holen wir her, der muß zu Ihnen kommen. Sie wissen ja, es ist der mit den … «

»Der? Mit den beiden?«

»Beiden? Gelacht, es waren doch drei!«

»Natürlich, wenn Sie es so auffassen.«

»So muß man es heute doch auffassen, sonst ist unser deutsches Volk verloren. Wir gehen bösen Zeiten entgegen, aber Puttwitz … «

Von einem General von Puttwitz wußte ich noch weniger als vom Erbauer der Kathedrale und von den Leichen, die sie in ihren Grüften birgt. Ein Herr mit Schmiß und Bärtchen war mir aufgefallen, er befand sich in Begleitung zweier Damen. Der hätte sehr gut General sein können, und darum wollte ich nur sagen: der mit den beiden Damen, ist es nicht der? Unverkennbar ein General! Aber im Leben des Herrn von Puttwitz schien drei die mystische Zahl zu sein, vielleicht war er dreimal geschieden, oder vorbestraft, politisch natürlich, oder hatte drei Attentate auf den Führer gemacht, oder auf Poincaré. Immerhin schuf das Mißverständnis Vertrauen.

»Donnerlitsch«, sagte ich, »das muß ich heute abend noch meinem Freunde Martersteig berichten!«

»Martersteig?«

»Kein Geringerer, Freiherr von Martersteig, oder General, beide Titel stehen ihm rechtens zu.«

»Was Sie nicht sagen! Mir dämmert's: Marneschacht … «

»Verzeihung, Jagdstaffel Richthofen.«

»Natürlich, das war er ja, ganz toller Flieger, und der lebt hier, zur Erholung?« – Ich legte den Finger auf den Mund, es hatte sich wieder ein Grüppchen genähert, dann flüsterte ich's dem Herrn ins Ohr: »Geheime Sendung!«

»Verstehe. Und Sie?« Er zwinkerte mir zu, ich zwinkerte zurück und deutete vielsagend auf meine Führernummer. Der Geheimbund war besiegelt, zwar nicht am Stammtisch einer altdeutschen Bierkneipe, doch in treudeutscher Umgebung und auf vorgeschobenem Posten in der deutschfeindlichen Welt. Mein Verschwörer verbeugte sich leicht, er wolle dem General Meldung machen und ihn in meine Gruppe holen, mit noch ein paar Herren, »und dann stoßen wir auf unseren Führer an«.

Ich verbeugte mich – »Zu gütigst, mein Herr!«

Aber da war wieder ein Mißverständnis im Spiel gewesen, denn mit dem Führer war nicht Vigoleis, sondern der andere, der unquijotische, war Adolf Hitler gemeint.

Mein Schädel rauchte, mein Magen drehte sich um, gallichtes Wasser trat mir in den Mund – und wir standen erst am Beginn der Fahrt.

Ich trommelte meine Leute zusammen, hatte für jeden ein passendes Wort, erntete Dank und Pfefferminztabletten; aber keiner, der mir 25 Peseten gegeben hätte! Denn dann wäre ich spornstreichs nach Hause gelaufen.

Mutti, Vati, Trude, Lore und Fritz hatten ihre Plätze im Führerwagen wieder eingenommen. Sie lächelten mir zu, ich gehörte jetzt zu ihnen, ich bekam Familienanschluß mit Schokolade und Zigarren, aber »danke gehorsamst, ich rauche leider nicht«.

Ich konnte ein paar Minuten verschnaufen. Das Papstwort: eher den Skandal als die Lüge, hat etwas für sich, aber nur wenn man Papst ist. Ich konnte mir den Skandal nicht leisten, ich mußte mir meine Peseten zusammenlügen, und es wird auch einmal Abend werden. Ich bin besser als mein Geschwätz, heißt es in einer Erzählung von Bjørnstjerne Bjørnson, wo von der Feigheit die Rede ist. Vigoleis ist aber feige.

Die Weiterfahrt durch die Stadt und in die Berge hinauf nach Valldemosa geht nur langsam vonstatten. Jede Kolonne muß warten, bis sich der Staub hinter der vorauffahrenden gelegt hat.

Erst wurde noch das Kloster San Francisco besichtigt, wo der Mystiker Raimundus Lullus begraben liegen soll und vermutlich auch liegt. Ich widmete diesem Geiste ein paar in jeder Beziehung ungelogene Worte, die aber auf keinen so fruchtbaren Boden fielen wie meine Fabeleien in der Börse und Kathedrale. General von Puttwitz oder -kammer kam und erlöste mich von den Fesseln der Wahrheit. Wir drückten uns wie alte Bekannte die Hand, es bedurfte ja keiner Worte mehr. Wir ergingen uns in Andeutungen, es klappte ausgezeichnet. Deutsche finden sich im Nebeldunst immer besser zurecht als auf den übersonnten Straßen der Welt. Daran scheitern denn auch ihre Bemühungen um den vertrackten Lebensraum.

Zur Stadt hinaus: ich würde dösen können bis Valldemosa, eine Stunde? Nicht eine Sekunde! Zurückgelehnt, den Hals verrenkt, so saß ich auf meinem Führerplatz und mußte Rede und Antwort stehen. Meine Lebensumstände interessierten die Herrschaften jetzt mehr als die Landschaft mit Palmen, Orangen, Oliven. Schwarze Ferkelchen fegten über die rote Scholle, nur Trude hatte dafür noch einen Blick übrig, die anderen hingen an meinem vertrockneten Mund.

Ehe der Wagen zu steigen begann, wußten sie, daß ihr Führer in Spanien geboren, aber in Deutschland aufgewachsen und erzogen worden sei, in einem Städtchen am Niederrhein, das durch die christliche Saat einer Heiligen und seine Möhrenkultur berühmt geworden, im Hause einer blinden Tante. Der Vater, Konsul in Malaga, sei bei dem bekannten Eisenbahnunglück ums Leben gekommen; die Mutter, zum zweiten Male verheiratet, lebte in Burgos. »Schicksale«, sagte der Herr im Fond. Mutti konnte das bestätigen, denn Fritz hatte einen Freund, dessen Vater war Konsul in der Türkei gewesen und dort ebenfalls gestorben. »Schicksale«, sagte ich und wollte mich umdrehen, um ein wenig zu nafzen, da mußte ich meine Auskunftei wieder öffnen, dieses Mal wegen einer Führer-Dame, die wie eine Zigeunerin aussehe – ob ich sie kenne? Das tat ich: es handele sich um die Tochter eines Attachés der peruanischen Gesandtschaft in Madrid, die mit ihrer schweizerischen Mutter schon seit Jahren auf der Insel lebe und sich zu Tode langweile. Sie führe zum Zeitvertreib. Ihr Bruder, ein Luftikus, sei der bekannte Ballonflieger, der kürzlich mit einer papierenen Montgolfiere aufgestiegen sei und den Rekord im Alpenflug aufgestellt habe, man habe vielleicht auch in Deutschland davon vernommen? Vati erinnerte sich dunkel, in der Neuen Zürcher darüber gelesen zu haben. Das freute mich sehr.

Der Chauffeur war ausgezeichnet, er nahm die Kurven mit echt spanischer Todesverachtung, aber auch mit echt spanischer Fahrsicherheit. Hätte ich einen Wagen, so würde ich ihn nur steuern lassen von einem Spanier oder Portugiesen. – Die Möglichkeit, den Hals zu brechen, wurde immer kleiner, ich mußte also aushalten.

Wir näherten uns einer der vielen ländlichen Besitzungen, fincas geheißen, und schon ging's los: Was das für ein Landgut sei? Die Tochter, die schon den Ferkeln nachgeblickt hatte, stellte die tückische Frage, wurde aber sogleich von der Mutter zurechtgewiesen: ob der Herr Führer denn rein alles wissen müsse; und erklärend zu mir gewandt: Trudi mache ihre erste große Auslandsreise! Nun fand ich die Frage aber gar nicht so albern und entschuldigte mich fast, daß ich selbstverständlich wisse, was es mit der Finca auf sich habe, nämlich … Ich spann die Geschichte langsam aus, sie sollte bis Valldemosa vorhalten – feindliche Brüder, Liebe auf dunklen Pfaden, ruchlose Tat unterm Maulbeerbaum, Blutrache wie auf Corsica – »so? gibt es das auch auf den Balearen?« – »Nur noch auf Mallorca, und die Zeder, die Sie gewiß bemerkt haben, wurde gepflanzt, als die Häuser sich aussöhnten. Der Dichter Mario Verdaguer hat darüber einen Roman geschrieben, darum weiß ich das so genau.«

Valldemosa! Alles aussteigen!

In Valldemosa zeigt man das Kartäuserkloster und die Zellen, wo Chopin und George Sand gelebt haben, in jenem berühmten Winter 1838/39. Das würde ich mir nun alles auch selber zeigen.

Pedro hatte uns schon manches von ihrem unter den Hammer geratenen Besitztum erzählt, und so kannte ich Dorf und Kloster, ohne die Stätten betreten zu haben. Die Bravourgeschichte von der verdugischen Ahnherrin kam mir nun zustatten – die Herrschaften schauderten, wie kann eine Mutter nur … Der Turm des Burggeweses, in dem Pedro sein Atelier gehabt hatte, gab willkommenen Anlaß, einiges über diesen dem König von Spanien in den Stammbaum geknüpften Freund zu erzählen, wie er als Kind mit maurischen Totenschädeln im Klostergarten Fußball gespielt habe, bis Don Juan dem unchristlichen Treiben ein Ende bereitete und die Schädel seiner Sammlung einverleibte mit den entsprechenden Zettelchen: Ibn Mohamed Bar ...

Ich ließ meine Leute sich die Beine vertreten, ein paar dumme Aufnahmen machen, eine Orange verzehren, dann schleifte ich sie in die Cartuja, in der vorgeschriebenen Reihenfolge: Kirche, Sakristei, Kreuzgang und Zellen. In der Kirche war nicht viel des Erklärens wert. Eine Heilige steht dort auf einem Postament und hält ein Auge in der Hand, das ist blind zu deuten. Baustil: meiner Schätzung nach Anfang des 18. Jahrhunderts, eine häßliche Dreingabe aus frommer Kasse, an der Gott aber mehr Wohlgefallen haben wird als der kunsthistorisch immer anspruchsvoller werdende Mensch. Obwohl, manchmal genügt es ja, daß ein Bauwerk in Spanien steht, es schön zu finden; so wie vieles Gerümpel Wert erhält, wenn es sein Alter nicht verleugnet.

Meine Herrschaften drängten sich in die Sakristei; ich war ins Hintertreffen geraten mit einem Fachgespräch über mallorquinische Tomatenkultur, von der ich zu meiner Überraschung auch etwas verstand – »ja bitte, die Sacristía, das wollen wir noch mitnehmen ...« Als letzter betrat ich den Raum, zu dumm, nun konnte ich nur hoffen, daß keine voreiligen Fragen gestellt würden.

Ich sah Vitrinen mit Paramenten und Meßgeräten, alte Missale, Dinge, die ich aus meiner einmessigen Meßdienerzeit kannte – o wie liegt so weit, o wie liegt so weit, und ich hub an: »Hier sehen Sie, meine Damen und Herren, wenn ich bitten darf ...« doch wollte anscheinend niemand sehen, was der Führer zu zeigen hatte. Man hatte auf eigene Faust etwas entdeckt: der deutsche Geist da draußen in der Welt, wie der sich bewährt, Pionierarbeit selbst auf einer Ferienfahrt – »bitte, Herr Führer, was ist das?«

Die Sakristei lag in Dämmer gehüllt, ich konnte nicht genau erkennen, was mir zur Erläuterung angewiesen wurde, ich wagte es auch nicht, die Menge zu teilen und auf den ausgestreckten Finger zuzuschreiten. Der Finger wies auf einen Gegenstand hinter Glas, der Rahmen war dick, schwarz, das Objekt, eine Spanne groß, war schwarz, alles war schwarz, pechrabenschwarz, was kann das sein?

Was es alles hätte sein können, wußte ich nicht, was es indessen sein mußte, jetzt auf der Stelle, das stand wie der Blitz vor meinem Geist, durch eine jener rätselhaften Gedankenverbindungen, an denen die Psychiater so viel verdienen. Pechrabenschwarz, dachte ich, und nicht gefackelt, das war's, und ich ließ mich vernehmen:

Ja, da hätten sie gleich wieder mit dem untrüglichen Instinkt, der unser Volk zum ersten Volke der Welt mache, auf den ersten Blick hätten meine verehrten Herrschaften wieder das einzig bedeutende Stück aus der Sammlung herausgefischt, das zu sehen wir die Sakristei überhaupt betreten hätten; denn alles andere in den Vitrinen und an den Wänden sei unwichtig, die üblichen Sakralia, aber das dort – mir wurde schwarz vor den Augen, schwarz, und 25 Peseten sah ich meinen Geist verdüstern, bis die zweite Erleuchtung kam: Der Schwarze Tod! Der Würgengel

Gottes! Engel des Herrn vollziehen das Strafgericht des Himmels. Den Seuchentod sollen sie sterben, die sündigen Menschen, unbeklagt und unbegraben, zum Dünger auf dem Acker sollen sie werden und ihre Leichen den Vögeln des Himmels ein Fraß. Alles formte sich wie im Traum, in wenigen Sekunden, über Jahrhunderte und Kontinente, es ging jaß durcheinander: die Justinianische Pest des 6. Jahrhunderts, Stellen aus dem Alten Testament, Hunderte von Einblattdrucken aus dem Einblattraum der »Pressa«: der verheerende Schwarze Tod des 14. Jahrhunderts, der die Bevölkerung Europas fast so intelligent gelichtet hat wie ein mechanisierter Krieg. Ich wurde beredt wie ein Prophet des Alten Bundes, man hing an meinen Lippen, niemand achtete mehr auf den schwarzen Gegenstand, der das große Sterben über die Insel heraufbeschworen hatte.

DEBORAH LEVY
Pensión

In jenem Frühjahr, als das Leben sehr schwer war und ich mit meinem Schicksal haderte und einfach nicht sehen konnte, wo und wie es weiterging, weinte ich, scheint mir, am meisten auf Rolltreppen in Bahnhöfen. Hinunterzufahren ging noch, aber reglos dazustehen und mich hinauftragen zu lassen war zu viel. Wie aus dem Nichts rannen Tränen aus mir heraus, und wenn ich dann oben war und den Wind im Gesicht spürte, brauchte ich meine ganze Kraft, um nicht in Schluchzen auszubrechen. Es war, als sei der Bewegungsimpuls der Rolltreppe, die mich schräg aufwärts beförderte, die physikalische Darstellung eines Selbstgesprächs. Rolltreppen, die man in ihren Kindertagen gern »umlaufend« oder »Fahrtreppen« genannt hatte, waren auf rätselhafte Weise zur Gefahrenzone geworden.

Ich achtete darauf, dass ich auf Zugfahrten immer genug zu lesen hatte. Nicht ungern las ich – zum ersten Mal in meinem Leben – Zeitungskolumnen über die Erlebnisse eines Journalisten mit seinem Rasenmäher. War ich nicht von solchen Dingen in Anspruch genommen, die ich als einen auf mich abgeschossenen Betäubungspfeil erlebte, las ich vor allem Gabriel García Márquez, und zwar *Von der Liebe und anderen Dämonen*. Unter den vielen geliebten und liebelosen Figuren, die ränkeschmiedend und träumend unter dem blauen Karibikhimmel in ihren Hängematten lagen, war die Einzige, die mich wirklich interessierte, Bernarda Cabrera, die zügellose Gattin eines am Leben und seiner Ehe verzweifelten Marqués. Um dieser Welt zu entrinnen, lässt sich Bernarda Cabrera von ihrem Sklaven und Liebhaber in den Gebrauch der »magischen Schokolade« aus Oaxaca einführen und lebt infolge übermäßigen Genusses von gegorenem Honig und Kakao fortan im Wahnzustand. Den größten Teil des Tages liegt sie nackt auf dem Boden ihres Schlafzimmers und gibt »explosionsartig übelriechende Winde von sich«. Wenn ich dann aus dem Zug stieg und auf der Rolltreppe, die mich offenbar zur Innenschau nötigte (in einer Phase meines Lebens, in der ich lieber eine Bücherschau betrieb), zu weinen anfing, war ich so weit, in Bernarda ein Vorbild zu sehen.

Dass sich etwas ändern musste, wurde mir klar, als ich mich dabei ertappte, wie ich angestrengt auf ein Plakat starrte, das in meinem Bad hing. Es stellte den menschlichen Körper von innen dar, die Organe und Knochen mit ihren lateinischen Bezeichnungen, und bei der Überschrift verlas ich mich andauernd. Dass ich »The Societal System« mit »The Skeletal System«, also Skelett und Gesellschaft verwechselte, ließ mich eine Entscheidung treffen. Wenn aus Rolltreppen Maschinen mit glühender Emotionalität geworden waren, die mich an Orte beförderten, an denen ich nicht sein wollte, konnte ich dann nicht irgendwohin fliegen, wo ich durchaus sein wollte?

Drei Tage später verstaute ich meinen nagelneuen Laptop in seiner Tasche, und kurz darauf saß ich auf dem Gangplatz 22 C der Maschine nach Palma de Mallorca. Beim Abheben musste ich leider feststellen, dass die Zwangsposition zwischen Himmel und Erde einer Rolltreppenfahrt nicht so unähnlich war. Der Mann, der das Pech hatte, neben einer weinenden Frau zu sitzen, sah aus wie ein ehemaliger Armeeangehöriger, der jetzt sein Leben in horizontaler Lage am Strand verbrachte. Ich war froh, dass mein Billigflugnachbar ein harter Bursche mit breiten, kantigen Schultern und zerklüfteten Sonnenbrandstriemen in seinem feisten Nacken war, aber Trost wollte ich nicht. Ihn rissen meine Tränen ohnehin nicht zu Trostversuchen hin, vielmehr schienen sie ihn in einen tantrischen Kaufrausch zu versetzen, denn er rief die Stewardess herbei und bestellte zwei Dosen Bier, eine Wodka-Cola, eine extra Cola, eine Röhre Pringles, ein Rubbellos, einen mit Minipralinen gefüllten Teddybären und eine Schweizer Uhr, die es im Sonderangebot gab. Dann wollte er wissen, ob die Fluggesellschaft wohl einen dieser Fragebögen hätte, mit denen man, falls man ausgelost wurde, einen Urlaub gewinnen konnte. Zuletzt hielt mir der sonnengegerbte Militärmann den Teddybären vors Gesicht und sagte: »Das wird Sie doch wohl aufheitern, oder?«, als wäre der Bär ein Taschentuch mit aufgenähten Glasaugen.

Der einzige Taxifahrer, der nach der Landung in Palma nachts um elf bereit war, mich die steilen Bergstraßen hinaufzubringen, dürfte – nach den weißen Trübungen zu urteilen, die sich in seinen Augen wölkten – blind gewesen sein. Die Menschen in der Schlange fürchteten offensichtlich, dass er den Wagen zu Schrott fahren werde, und mieden ihn, als er in der Reihe der Taxis aufrückte, und so kam ich in den Genuss. Wir verhandelten über den Preis, und er brachte es fertig, ohne einen Blick auf die Straße zu fahren; stattdessen starrte er auf seine Füße und schraubte dabei am Senderknopf des Radios herum. Eine Stunde später manövrierte er seinen Mercedes eine eng piniengesäumte Straße aufwärts, die mir viel länger vorkam, als sie wirklich war. Ungefähr auf halber Strecke schrie er plötzlich NEIN NEIN NEIN und hielt abrupt an. Zum ersten Mal in diesem Frühling war mir zum Lachen zumute. Da saßen wir nun im Dunkeln, ein Kaninchen huschte durchs Gras, und wir wussten beide nicht, wie es weitergehen sollte. Schließlich gab ich ihm ein großzügiges Trinkgeld, weil er derartige Gefahren auf sich genommen hatte, und machte mich zu Fuß im Dunkeln auf den weiten Weg, der meiner vagen Erinnerung nach zum Hotel führte.

Der Geruch nach Holzfeuer, der von den Steinhäusern unter mir aufstieg, die Glocken um die Hälse der Schafe auf den Bergweiden und die merkwürdige Stille, wenn zwischendurch das Gebimmel mal verstummte, machten mir Lust zu rauchen. Ich rauchte schon lang nicht mehr, hatte mir aber, in der vollen Absicht, wieder damit anzufangen, am Flughafen spanische Zigaretten gekauft. Ein Stück abseits des Wegs setzte ich mich auf einen feuchten Felsen unter einem Baum, den Laptop zwischen die Schienbeine geklemmt, und zündete mir unter dem Sternenhimmel eine an.

Unter einer Pinie zu sitzen und billigen spanischen Fußkäse-Tabak zu rauchen war unendlich viel besser, als sich auf Rolltreppen zusammenreißen zu müssen. Dass ich mich jetzt ganz konkret verirrt hatte, während ich in jeder anderen Hinsicht auch nicht weiterwusste, hatte etwas Tröstliches, und als ich mich innerlich schon für eine Übernachtung im Freien wappnete, hörte ich jemanden meinen Namen rufen. Mehreres geschah gleichzeitig. Ich hörte Schritte auf dem Weg, dann sah ich Frauenfüße in roten Lederschuhen auf mich zukommen und hörte noch einmal meinen Namen, aber aus irgendeinem Grund brachte ich ihn nicht mit mir in Verbindung. Plötzlich leuchtete mir eine Taschenlampe ins Gesicht, und als die Frau mich rauchend auf einem Felsen unter einem Baum sitzen sah, sagte sie: »Ah, da sind Sie ja.«

Ihr Gesicht war erschreckend bleich, und ich überlegte kurz, ob sie vielleicht verrückt sei. Gleich darauf fiel mir wieder ein, dass ich ja die Verrückte war und sie diejenige, die mich, für den Strand gekleidet, nachts bei Minustemperaturen von einem Felsen am Rand eines Berghangs zu locken versuchte.

»Ich hab Sie in den Wald gehen sehen. Sie haben sich verlaufen, oder?«

Ich nickte, aber sie muss mir meine Ratlosigkeit angesehen haben, denn sie fügte hinzu: »Ich bin Maria.«

Maria war die Hotelbesitzerin; sie kam mir viel älter und trauriger vor als bei unserer letzten Begegnung, und wahrscheinlich dachte sie dasselbe über mich.

»Hallo Maria.« Ich stand auf. »Danke, dass Sie nach mir gesucht haben.«

Schweigend gingen wir zum Hotel, und als sei sie eine Detektivin, die Material sammelte, Beweise für etwas, das uns beiden unergründlich war, richtete sie den Lichtstrahl ihrer Taschenlampe auf die Biegung, an der ich vom Weg abgekommen war.

Wer sich in dieser *pensión* einmietet, will Ungewöhnliches:

einen ruhigen Platz nahe den Zitrushainen und Wasserfällen, große Zimmer, die nicht teuer sind, viel Ruhe zum Nachdenken und Erholen. Minibar und Fernseher gibt es so wenig wie warmes Wasser oder Zimmerservice. Nur Mundpropaganda bewirkt, dass die Pension während der Saison immer ausgebucht ist, denn sie wird in keinem Touristenführer erwähnt. Zum ersten Mal war ich mit Anfang zwanzig hier, als ich meinen ersten Roman schrieb, auf einer Smith-Corona-Schreibmaschine, die ich in einem Kissenbezug transportierte; dann wieder mit Ende dreißig, als ich verliebt war und mit einem der frühen Laptops unterwegs, einem »Schlepptop«, wie man damals gern sagte, dem ich eigens eine Tasche hatte kaufen müssen, ein langes Rechteck mit Spezialpolsterung und kleinen Fächern für Maus und Tastatur. Ich war sehr stolz darauf, und noch stolzer war ich, dass ich es fertigbrachte, ihn mit dem am Flughafen erstandenen Verlängerungskabel in jedem beliebigen Hotelzimmer in Betrieb zu nehmen. An dem glutheißen Augustnachmittag, an dem ich meinen Schlepptop (tonnenschwer) und alles übrige Gepäck diesen Berg hinaufschleppte, trug ich ein kurzes blaues Baumwollkleid und wildlederne Wanderschuhe und war so glücklich, wie man nur sein kann. Wenn Glück glückt, kommt es einem vor, als sei bis dahin niemals etwas geglückt, es ist ein Gefühl, das ausschließlich in die Gegenwart gehört. Mit dem Wissen, dass ich danach zu meinem Liebsten zurückkehren würde, der großen Liebe meines Lebens, war die Einsamkeit angenehm. Mit einer Handvoll schweißfeuchter, weil fest umklammerter 100-Peseta-Münzen begab ich mich allabendlich in die altmodische Telefonzelle neben der Pizzeria und rief ihn an, schob die Münzen, die unsere Stimmen miteinander verbanden, in ununterbrochener Folge in den Schlitz und war überzeugt, dass die Liebe, Die Große Liebe, die einzige Saison sei, in der ich je leben würde.

Aus der Liebe war etwas anderes geworden, etwas nicht Wiedererkennbares, die Terrasse vor der *pensión* aber, mit ihren Tischen und Stühlen unter den Olivenbäumen, die sah noch ganz genauso aus wie bei meinem letzten Aufenthalt hier. Alles war exakt gleich. Die bemalten Fußbodenfliesen. Die schweren Holztüren zum Innenhof mit der uralten Palme. Der glänzende Konzertflügel, der majestätisch in der Diele stand. Der dicke, kalte Stein der weißgetünchten Mauern. Auch mein Zimmer war noch ganz genauso, nur dass ich diesmal, als ich die Türen des holzwurmzerfressenen Kleiderschranks öffnete und dieselben vier verbogenen Drahtkleiderbügel an der Stange hängen sah, bei ihrem Anblick den Eindruck von verlassenen Menschenschultern hatte.

Jahre auf Mallorca

Barcelona. 22 April Donnerstag.
Reisevorbereitungen. Noch einmal in den Dom u. durch den Park auf dem Montjuich. Abends ab nach Mallorca auf dem kleinen, ziemlich primitiven 3000 Tonnen Dampfer »Jaime ıı.«

Palma. 23. April 1926. Freitag
Früh 7 in Palma an bei trübem Regenwetter. Grand Hotel, wo wir Zimmer bestellt hatten, altmodisch verwohnt. Schliesslich ein noch im Bau befindliches ganz modernes grosses Hotel einige Kilometer von der Stadt am Meer entdeckt: Hotel Mediterraneo, und dorthin in sehr hübsche saubere Zimmer übersiedelt.

Palma 24. April 1926. Sonnabend.
Regenwetter. »Don Quichotte« gelesen mit steigender Bewunderung, jedes Wort wie eine reife Frucht, aus der man Saft quetschen kann. Die Vollendung des Prosa Erzählungs Stils. – In San Francisco in Palma das Grab* Raimund Lulls.

---

* Sagrera

Palma. 25 April. 1926 Sonntag.

Nachmittags klärte sich das Wetter auf. Zu Fuss zur Ca'
Català und zum Schloss »Bendinat«; schöner Park u. Blick.

Palma. 26 April 1926. Montag.

Im Auto nach <u>Sollér</u> über Valldemosa und Miramar. Herr-
liche Autofahrt durchs Gebirge und an der gebirgigen
Nordwestküste der Insel entlang auf ausgezeichneten, zum
Teil dicht beschatteten Strassen. Im Karthäuser <u>Kloster
Valldemosa</u> 400 Meter hoch in schöner Gebirgslandschaft
werden die Zimmer gezeigt, in denen 1838 George Sand
und Chopin überwinterten; mehrere freundliche Zimmer
um einen kleinen Garten herum, von dem aus man ins
wilde Gebirgstal hinunterblickt; ein idealer Aufenthalt für
ein romantisches Paar, lieblich, wild und weltfern. Eine
Nocturne von Chopin hier bei Vollmond unter Rosen
(üppigen weissen Rosen) mit dem einsamen Felsental als
Hintergrund würde den Geist der Chopinschen Musik in
der Vollendung verkörpern. – Hinter Valldemosa bekommt
man bald im Hochtal Blick auf die andre Küste. Hier
rechts __ eine <u>Meierei</u>* des verstorbenen <u>Erzherzogs Ludwig Salvator</u>, dessen grosse Besitzungen hier anfiengen.
Hoch am Bergabhang gelegenes hübsches solides und
sauberes Vorwerk, das jetzt irgendeinem Erben des Erzherzogs, einem griechischen Doktor** gehört. Das wunderschön gelegene, hübsch im Landesstil gebaute, saubere
Haus ist innen ziemlich geschmacklos mit allerlei Samm-

* Son Moragues
** Cilimingras

lungen und zusammengekauftem gutem und schlechtem Mobiliar eingerichtet. Nur zwei kleine bescheidene Photographieen waren ergreifend schön, zwei kleine Bilder der Kaiserin Elisabeth als ganz junge Frau, offenbar Geschenke an den jungen Erzherzog. Das Gesicht von strahlender und zugleich herber Schönheit ist selbst in diesen mässigen Photographieen von anbetungswürdiger Schönheit. Von hier weiter an die hohe felsige Küste. Die Strasse führt hoch über dem Meer am Gebirge entlang zwischen Ölbäumen, Myrten, Orangen, unten die weisse Schaumlinie der Brandung an der wild zerklüfteten Küste, und weithin Vorgebirge hinter Vorgebirge in grandiosen, grossgeschwungenen Formen ins blaue Meer vorspringend. Eines der schönsten, grandiosesten Küstenstücke, die ich gesehen habe. Noch schöner, grossartiger als die Riviera oder selbst Capri. Die Weite, die gewaltigen Gebirgsformen, die Üppigkeit der Natur, die Mischung von Herbem und Lieblichem, von Gigantischem, Unermesslichem und Intimem ist hier zu Etwas ganz Paradiesischem geworden. Auch Teneriffa bietet kaum Etwas gleich Bezauberndes und Grosses. In seiner Art ist dieses hier wohl das Vollkommenste. Miramar selbst, wo der Erzherzog gewohnt hat, ist ein ganz bescheidenes Landhaus inmitten von Gärten und Pflanzungen hoch über dem Meer an der Küste gelegen. Auffallend überhaupt, dass der ganze riesige Besitz des Erzherzogs nicht als Luxus Gut mit Landschlössern, Parks u.s.w. angelegt ist, sondern dass er ganz als landwirtschaftlicher Nutz Betrieb angelegt ist und dass der herrlichen Landschaft allein für Schönheit zu sorgen überlassen ist; es wird nicht versucht, ihr Konkurrenz zu machen oder sie noch mehr zu »verschönern«. Man bekommt Respekt vor diesem hohen Herren, der so geschmackvoll und vernünftig hier einen wirklich fürstlichen Besitz geschaffen und verwaltet hat. Überhaupt haben die letzten Habsburger verstanden in Schönheit zu sterben: Maximilian von Mexico, die Kaiserin Elisabeth, der Erzherzog Rudolf, hier der Erzherzog Ludwig Salvator, sogar das bescheidene Grab des letzten Kaisers* in der kleinen Dorfkirche** auf Madera, nötigen zu einem ästhetischen Respekt, während die letzten Hohenzollern jeder Aesthetik, ja jeder menschlichen Achtung mit ihrer Rohheit, Feigheit, Wüstheit und Geschmacklosigkeit geradezu ins Gesicht schlagen; die letzten Habsburger enden wie gentlemen, die letzten Hohenzollern wie Rollkutscher. – Von Miramar nach Soller wird die Strasse womöglich noch grandioser als vorher. Man fährt über einen Pass in einer grossen, wilden Gebirgslandschaft, die es mit den Dolomiten aufnehmen kann. Eine ungeheure nackte Felsenwand mit zahlreichen Spitzen überragt das reizende, mit Gärten angefüllte kleine Gebirgstal von Soller. Saubere, anmutige kleine Stadt und ganz erstklassige kleine Kneipe, »La Marina«, in der ein französischer Koch das exquisiteste Frühstück uns servierte. Der Essraum das sauberste vom Sauberen; kleine, peinlich reine gedeckte Tischchen mit Blumen in Fülle geschmückt; und das Essen wie im besten Pariser Restaurant. Der gute Mann der sich hierher zurückgezogen hat, heisst Julio Lozano. Nach diesem ausgezeichneten Frühstück weiter nach Porto Soller; kleiner, von Vor-

* Karl I.
** Funchal

gebirgen u. Bergen umschlossener Hafen; dann durch das Innere der Insel zurück nach Palma. Schöne Gebirgsstrasse mit weiten Rückblicken. Um 6 in Palma. Vor Tisch noch Spaziergang nach dem gotischen Kastell Bellver, auf dem Hügel hinter dem Mediterráneo.

Palma 27 April 1926. Dienstag.

Im Auto nach <u>Pollensa.</u> Die <u>Bai von Alcudia</u>, an der der Hafen von Pollensa liegt, eine ungeheure, fast kreisrunde Wasserfläche, tiefblau, ganz von hohen Bergen und weit vorspringenden Vorgebirgen umschlossen, eine der landschaftlich schönsten Meeresbuchten der Welt. Landschaftlich lässt sie sich nur mit Hongkong oder Neapel vergleichen. Auf dem westlichen Vorgebirge, an der schönsten Stelle, ist ein Schloss mit grandiosen Gartenanlagen im Bau für einen jungen Argentinier, Don sowieso. Reizendes, sauberes, ganz neues u. modern eingerichtetes kleines Hotel am Strande, »<u>Mar y Cel</u>«, in dem wir ausgezeichnet frühstückten. Wie überall war auch hier auffallend die Sauberkeit, die fast noch über die Schweizer Blitzblankheit hinausgeht.

Palma. 28 April 1926 Mittwoch.

Der arme Max erhielt Brief von Fischer, dass er seine Novellen nicht verlegen kann, mit vielen Komplimenten u. Lob ihrer glänzenden Qualitäten verbrämt. – Nach Mañacor gefahren u. dort die Höhlen besichtigt: Cueva del Drach, u. Cueva del Harns. Beide sehr phantastisch u. schön mit tausenden von Stalactiten in allen Grössen u. den zartesten Farben von Fleischrosa bis zu zart Grün und Silber. Wahre unterirdische Märchenschlösser. In der Cueva del Drach grosser unterirdischer See, auf dem man im Kahn fährt, mit ganz durchsichtigem, krystallblauem Wasser und einer märchenhaft reichen Stalactiten Decke. – Grosse, schöne, grüne und reiche Landschaft zwischen Palma u. Mañacor.

Palma. 29 April 1926. Donnerstag.
Unser letzter Tag in Palma. Hässliches trübes Wetter. Nochmals in die Kathedrale. Trotz der Kahlheit und Dunkelheit gewaltiger Eindruck des ungeheuren Raumes. – Abends ab auf dem »Luxusdampfer« Jaime 1. Ganz hübsches kleines 3 bis 4000 Tonnen Schiff. Nur sind die Kabinen aus papierdünnem Holz, so dass man Alles hört, was im ganzen Schiff vorgeht, und da die See ziemlich bewegt war, war die Nacht grässlich. Neben uns eine seekranke Familie und ein halbes Dutzend seekranker junger und alter Engländerinnen, die die ganze Nacht brachen, stöhnten, klingelten, wieder brachen, wieder stöhnten, wieder klingelten. Dazwischen heulten die Kinder, wenn sie nicht auch brachen, die Mutter schien sich die Seele aus dem Leib zu kotzen, der Vater, der auch in einem tiefen Bass brach, schwor dazwischen: Nie wieder nach Mallorca: es la última vez! Jamás, jamás! In dieses Konzert stimmten bei Sonnenaufgang eine Ladung seekranker Hühner und Hähne mit ihrem Krähen und Gackern ein. Und das kleine Schiff rollte und stampfte unermüdlich. Dass ich nicht auch seekrank wurde, war eine Leistung. –

Barcelona. 30 April 1926. Freitag.
Früh an in Barcelona bei kaltem, grauem Regenwetter. Trauriger, stimmungsloser Tag.

Menorca

Der Supermarkt ist überfüllt von Waren und Leuten, die diese Waren kaufen. Vor dem Fleischstand stehen Frauen mit fleischigen Brüsten, vor dem Dörrobst dürre Männer, und nach den farbigen Jeans greifen Mädchen in farbigen Jeans.

Draußen ist Spätsommer, aber hier drin weht eine kühle Brise.

Es ist Samstagmorgen, elf Uhr. Wer wegfährt, macht die letzten Einkäufe, bevor er sich ins Auto setzt. Wer hierbleibt, kauft Kopfsalat, Käse und Aufschnitt, für das Abendessen auf der Terrasse.

Vor den Kassen stehen lange Menschenschlangen. Wer seinen gefüllten Wagen heranfährt, sucht sich die kürzeste Schlange aus.

Hinter der Kasse, vor der ich warte, sitzt eine Frau mit braungebranntem Gesicht. Sie hustet, sie fühlt sich schlecht. Es sei schlimm, erzählt sie der Kundin vor mir, sie halte es kaum mehr aus. Das Air-Conditioning, das sei unmenschlich. Sie ruiniere sich doch nicht die eigene Gesundheit.

Die Kundin sagt kein Wort. Sie bezahlt und schiebt den leeren Wagen zum Abteil, in dem ihre Waren liegen.

Ich frage die Frau an der Kasse, warum sie so braun sei. Sie schaut von den Tasten auf, mit denen sie die Preise eintippt, sie sieht mich an mit merkwürdigen Augen. Meine Frage hat sie erschreckt. Sie ist müde und hilflos, sie möchte hier heraus. Jetzt hört sie auf zu tippen. Sie sei in Menorca gewesen, sagt sie, ob ich wisse, wo das sei. Balearen?, frage ich. Ganz in der Nähe, sagt sie, aber es sei viel schöner. Wilde Landschaft, viel Vegetation, wenige Häuser und fast keine Leute. Und eine Schönheit, unvorstellbar. Zehn Kilometer weißer Strand, das Wasser klar auf zwanzig Meter, und warm. Und nur alternative junge Leute, die von fast nichts leben, und wenige Eingeborene. Freundlich, direkt und hilfsbereit seien sie.

Wird's bald?, fragt eine junge Frau hinter mir, oder machen Sie Ferien? Sie ist Hausfrau und Mutter, das sieht man ihr an. In ihrem Wagen liegen drei Liter Milch und zwei Pakete Spaghetti, sie hat wenig Zeit. Die Frau an der Kasse senkt den Blick und tippt weiter.

Auf der Straße draußen stehen drei Männer und diskutieren. Sie reden in einer fremden Sprache, jugoslawisch oder spanisch, es ist nicht zu verstehen. Die Leute, die aus dem Supermarkt kommen, weichen ihnen aus, sie stören.

Zu Hause nehme ich den Atlas hervor und suche Menorca. Es liegt nördlich von Mallorca, es gehört zu Spanien und scheint eine wunderschöne Insel zu sein mitten im blauen Meer.

Frauenraub

In Spanien ist alles »mañana«, das heißt morgen. Was würde mein mañana in Spanien sein?

Zuerst war es einfach nur herrlich. Ich fühlte mich frei und war fasziniert von der Schönheit eines neuen Landes!

Wir fuhren an der Küste südwärts bis Barcelona und von dort mit einem Schiff hinüber nach Palma auf Mallorca. Und gleich erlebte ich den ersten Schock: Ich hatte ein Inselparadies erwartet und fand – eine elektrische Straßenbahn! Meine alte Verachtung für die sogenannte Zivilisation kam wieder in mir hoch; zu oft hatte ich schon ihre Reize genossen – ich hatte übergenug davon, ich war satt. Die Zivilisation hatte mich mit der Welt in Zerfall gebracht – sollte es auch *hier* keinen Platz geben, den sie nicht schon vergewaltigt hätte?

Ich entdeckte einen Buchhändler, mit dem ich mich auf englisch darüber unterhalten konnte. Er sagte: »Fahren Sie doch durchs Land auf die andere Seite der Insel! Bis Arta geht die Bahn, aber weiter draußen – in Cala Ratjada –, da sind Sie ein freier Mensch.«

Diesen Hinweis befolgten wir. In dem herrlichen Cala Ratjada fand ich eine bunt zusammengewürfelte Gesellschaft von Menschen, die vor der Welt etwas zu verbergen hatten: Liebespaare, davongelaufene Söhne angesehener

Familien, Falschspieler, Menschen in politischer Verbannung, Menschen auf der Flucht und Menschen unterwegs zu sich selbst!

Cala Ratjada bestand aus nur einer einzigen Straße. Wir mieteten uns sehr billig ein Haus, und ich fand das Leben und die Welt wieder schön. Mein junger Malerfreund aber ward der Idylle bald überdrüssig und konnte der Eigenart der Menschen dort keinen Reiz abgewinnen, weshalb er sich entschloß, Mallorca zu verlassen und seine Staffelei anderswo aufzustellen.

Ich fühlte mich sehr allein, und dann überfiel mich ausgerechnet in dieser Einsamkeit und Abgeschlossenheit die erste Krankheit meines Lebens: Typhus. Unsere Wasserversorgung bestand aus einem alten Brunnen im Garten mit unsauberem Wasser. Ich lag in schweren Fieberdelirien. Niemand kam mich besuchen – ich hatte ja auch noch keine Freunde hier.

Am siebenten Tag meiner Krankheit wurde ich durch Zufall gefunden. Ein Fotograf – Konrad Liesegang – hatte im Garten des scheinbar unbewohnten Hauses Blumen gepflückt und auch einen Blick in das verlassene Haus geworfen. Dabei hatte er mich gefunden. Er holte sofort einen Arzt und sorgte in den nächsten Wochen rührend für mich. Auch ein mexikanischer Maler und seine schwedische Frau, die von mir gehört hatten, kamen häufig und brachten zu essen. Meine Krankheit wurde die Sensation von Cala Ratjada, und nun fanden sich auch viele Freunde ein.

Als es mir besserging, brachten mir Manuel, der Kaufmann, oder Bella, seine Frau, täglich unaufgefordert gekochtes Hühnchen und Fisch. Das war großartig. Aber die Rechnung, die sie mir dann später schickten, war noch großartiger – ich glaube, ich habe den sechsfachen Preis des Normalen zahlen müssen! So ist eben die Mentalität des Südländers: Ist irgendwo etwas Außergewöhnliches los, so ist er auch schon zur Stelle und ist hilfreich und liebevoll wie ein Freund. »Amigo« nennen sie sich dann herzlich. Aber auch ein »Amigo« will hernach bezahlt werden. Jedenfalls in Spanien!

Als ich wieder auf dem Posten war, wurde es höchste Zeit, wieder zu Geld zu kommen. Welchen Job konnte es hier in diesem toten Dorf wohl für mich geben?

Zusammen mit ein paar Künstlern verwandelte ich mein Haus in eine Bar. Jeder trug seinen Teil dazu bei, und es lebten viele Maler hier. Ich brauchte nur alles zu organisieren.

Ein Däne, genannt »Klein Hugo«, hatte die fulminante Idee, meinen Garten umzuwandeln.

Die Spanier sind Tieren gegenüber grausam, denn die katholische Kirche lehrt sie, daß Tiere keine Seelen hätten und minderwertige Wesen seien. Sie setzen alte und kranke Tiere in entfernten Tälern aus, wo sie dann elend zugrunde gehen. Aus solchen Tälern im Innern der Insel holte »Klein Hugo« Tierskelette und band sie in meinem Garten an Pfähle.

Mit dem Fotografen Liesegang zimmerte ich Tische und Stühle; die Freundinnen der Maler nähten Kissen und Decken, und Manuel, der Kaufmann, baute mir eigenhändig eine prachtvolle Theke aus einem alten Prunksarg.

Als alles fertig war, konnten wir uns sagen: Wir haben eine Bar, die sich in der Originalität ihrer Einrichtung mit den Nachtlokalen jeder Weltstadt messen kann!

Natürlich mußte die Bar auch ihren Namen bekommen:

»Wikiki« nannten wir sie nach einer Insel im Pazifik. »Wikiki« blieb nicht lange die Bar von Cala Ratjada allein – sie wurde von den Fremden der ganzen Insel besucht. Ich selbst war Cocktailmixer, Ober, Geschirrspüler in einer Person – ich war nahe daran, den Kopf zu verlieren in diesem Gewühl. Jede Nacht bald zweihundert Gäste! Ich brauchte dringend Verstärkung. Meine Künstlerfreunde verschmähten den Job nicht und ihre Freundinnen zum guten Teil auch nicht. Weiße Servieranzüge wurden selbst hergestellt, und Zuschnitt und Aufwand meiner Bar wuchsen, wie man sagt, über Nacht! Die Vorräte an Getränken, die zunächst erst einmal vorsichtig angelegt worden waren, erschöpften sich rasend schnell; ein junger Amerikaner stellte seinen Wagen zur Verfügung, um aus Palma nicht nur Nachschub in Flaschen zu besorgen, sondern gleich im Gallon.

Aber die Eingeborenen von Ratjada fühlten sich schokkiert. Allein schon der Anblick meines Gartens beunruhigte die Leute. »Dämonen« nannten sie die Skelette an den Pfählen, die Bar war für sie ein brodelnder Höllenpfuhl. Die Fremden – das mußten Wahnsinnige sein!

Die »Wikiki« wurde das »Zentrum der Welt«. Um das scherzhaft zu dokumentieren, rammte ich einen Pfahl in den Garten, zeichnete auf der Erde einen weißen Kreidekreis herum und schrieb dazu: »Dies ist das offizielle Zentrum der Welt.« Warum nicht? Wer konnte mir das Gegenteil beweisen? Jedenfalls für uns war die »Wikiki« das Zentrum der Welt!

Wir machten unglaublich Kasse und teilten unseren Gewinn. Die Gäste der »Wikiki« waren glücklich, und wir waren es auch. Wir lebten herrlich!

Täglich gegen Mittag kam eine Amerikanerin. Sie bestellte Whisky und erklärte, sie habe es eilig. Ein paar Stunden später begann sie zu insultieren – dies hier sei eine schlechte Bar, und es ginge nicht alles fix genug, es sei überhaupt das letztemal, daß sie hier hereinkäme. So ging es weiter – alle paar Stunden wechselte sie ihre Stimmung und Tonart, bis es endlich Morgen wurde; um sieben Uhr schafften wir sie dann jedesmal gewaltsam nach Hause.

Dann hatten wir da eine Holländerin; sie sah mehr wie eine alte Indianerfrau aus. Pünktlich nach ihrem siebenten Cocktail geriet sie in Exstase, zeichnete mit ihrem Daumen Figuren in die Luft und gab ihre prophetische Philosophie zur allgemeinen Erleuchtung der Menschheit kund. Ein Engländer, der auf den schönen Namen Clutterbuck hörte, benötigte dagegen das Quantum von vierundzwanzig Gin-Fizz, ehe er von sich als weltberühmtem Rhinozerosjäger erzählte, der sogar ohne Büchse – im puren Handgemenge mit dem Viech – noch Sieger bliebe.

Eine persönliche Note eigener Art entwickelte Mr. Jones aus Yorkshire. Er kam mit Windeseile hereingejagt und rief: »Einen Brandy! Aber schnell, schnell!« Und kaum, daß er ihn genossen hatte, war Mr. Jones auch schon wieder hinaus. Dieses eilige Schauspiel bot er uns neunmal hintereinander an einem Tage. Dann blieb er einen Tag weg. Aber den darauffolgenden Tag vollzog sich alles wieder von neuem. Am vierten Tage fragte ich ihn einfach über die Bar hinweg, was in aller Welt ihn denn daran hindere, seinen Brandy in Ruhe zu trinken und unsere schönen Stühle als Sitzgelegenheit zu benutzen. Auf die Dauer würde seine Szene witzlos, sie ginge allen Gästen der Bar auf die Nerven! Da beugte er sich vor und sagte: »Kommen Sie näher, mein Freund!« Wir steckten unsere Köpfe zusammen, und er flüsterte: »Nicht weitersagen – ich habe meiner Frau versprochen, mich niemals länger als fünf Minuten in einer Bar aufzuhalten! Sie verstehen?«

Ein englischer Kapitän pflegte hereinzukommen, sich fröstelnd zu schütteln und zu sagen: »Einen muß ich trinken! Einen kleinen.« Das klang bescheiden. Aber er bestand darauf, daß das Glas randvoll war! Unenglischerweise trank er es in einem Zug aus und sagte dann: »Uch, ist das ein schreckliches Zeug. Nein, solchen Dreck trinke ich nie wieder.« Nach drei Minuten aber hatte er das schon vergessen und wiederholte die Szene.

Ein Franzose, ziemlich klein von Statur, beliebte im Schwips zum Kampf herauszufordern. Das war immer ein lächerlicher Anblick, wenn der kurzbeinige Kerl wie ein kleiner Ball herumhüpfte und seine Kampfeslust feilbot: »Will mich nicht mal jemand beleidigen? Will nicht jemand mal mit mir kämpfen?« Packte ihn dann aber einer und setzte ihn wieder auf seinen Platz, dann jammerte er vor sich hin: »Feiglinge! Nicht einer will kämpfen!«

Eines Morgens gegen neun Uhr stakste ein großer Mann in die Bar, und seine beachtlich korpulente Frau folgte ihm mit Fotoapparat und Stativ. Schweigend schritten sie durch alle Räume – erst durch das Pariser Zimmer, dann durch das holländische, dann durch das Piratenzimmer. Im Garten endlich machten sie halt. Aus seinem Koffer holte der Mann einen Tropenhelm, bewaffnete sich mit Schild, Pfeil und Bogen und ließ sich von seiner Frau fotografieren. Dieses Ganze ereignete sich wie ein Zeremoniell – ohne

Worte! Ohne ein Getränk zu bestellen, verließen sie wortlos die Bar. Am nächsten Tage kamen beide wieder und spielten wortlos die gleiche Szene. Wir sagten auch kein Wort und starrten sie nur bewegungslos an. Auch diesmal bestellten sie nichts. Alles, was der Mann über die Lippen brachte, war: »Das Foto von gestern ist nichts geworden.«

Mir kam es allmählich so vor, als wäre Mallorca ein Sammelplatz aller Verrückten der Welt – und auf Mallorca: Cala Ratjada – und in Cala Ratjada: die Wikiki-Bar!

Eines Tages kam ein Insel-Einheimischer in die Bar und fragte mich, ob er nicht ab und zu etwas auf der Gitarre vortragen dürfe. Und es erwies sich, daß der Kerl ein ausgezeichneter Musikant war. In auffallendem Gegensatz zu seiner ländlichen Kleidung stand seine ruhige und sichere Art, sich zu benehmen. Deshalb fragte ich ihn eines Tages: »Xovio, was ist eigentlich dein richtiger Beruf?«

Ohne Zögern sagte er: »Schmuggler!«

Schmuggler! Wer in der Welt gibt das offiziell zu? Aber auf den Balearen konnte man das ohne weiteres tun; jeder zweite tat es. Der Tabakschmuggel war eine lebensnotwendige Sache. Kein Spanier wollte darauf verzichten. Der legal gekaufte Tabak wurde vom Staat sehr hoch besteuert, obwohl er schlecht war. Legal waren ausländische Tabakwaren unerschwinglich. Die einheimischen waren schlecht und dank der hohen Steuer, die der Staat darauf legte, immer noch sündhaft teuer. Afrika aber mit seinen Umschlaghäfen für illegalen Tabak ist nur eine Nachtfahrt von den Balearen entfernt!

War es in Amerika das Alkoholeinfuhrverbot, so in Spanien das Tabak- und Zündholzmonopol des Staates, das einen neuen Beruf ins Leben rief: das Schmuggeln. Hiermit hatte es ein gewisser Juan March Ordinas dazu gebracht, der reichste Mann Spaniens zu werden! Don March – so wurde er meist nur genannt – stammte aus Santo Margaritha. Sein Vater war schon ein wohlreputierter Schmuggler gewesen. Don March hatte zuerst als Händler mit Schweinen und Knoblauch begonnen; als solcher hätte er vielleicht sein Leben beschlossen, wäre nicht der Erste Weltkrieg dazwischengekommen. Zuerst versorgte er deutsche U-Boote mit wichtigen Informationen, dann schmuggelte er Waffen in großen Mengen nach Marokko. Sein Hauptabnehmer war der Sultan des damaligen Heiligen Krieges, Mohammed Ibn Abdullah el Raisuli el Hasali el Alani.

Nach Ende des Ersten Weltkrieges und des Krieges in Marokko stellte Don March sich auf die friedliche Basis des Tabakkonsums um. Und auch das besorgte er wieder in großem Stil. Als reichster Mann seines Landes besaß er mehrere Bankgeschäfte und ein paar Schiffahrtsgesellschaften, abgesehen davon, hatte er nebenbei noch die Finger in der größten spanischen Ölgesellschaft. Sein Gesamtbesitz wurde im Jahre 1933 auf die Kleinigkeit von 440 Millionen Peseten geschätzt. Unter der Vor-Franco-Republik wurde er unter anderem angeklagt, Alphonso, den Ex-König von Spanien, finanziert zu haben. Er kam ins Gefängnis und mußte eine Geldbuße von sechs Millionen zahlen. Von diesem Geld wurde dann ein Sanatorium für Schwindsüchtige erbaut; als man ihm anbot, sich freizukaufen, indem er weitere fünf Millionen für die Innenausstattung zur Verfügung stellte, lehnte er ab. Er machte das Geschäft etwas preiswerter, indem er den Gefängnisdirektor bestach und mit ihm dann gemeinsam aus dem Land floh.

Mein neuer Gitarrist Xovio hatte mir versprochen, mich auf einer Schmugglerfahrt mitzunehmen. Wir trafen uns bei Anbruch der Nacht am Dorfausgang und wanderten zur Küste, Xovio, der Fotograf Batz und ich. Wie Ziegen kletterten wir auf den vorstehenden Felsklippen – mal aufwärts, mal abwärts. Xovio kannte jeden Tritt. Stacheln und Dornen durchlöcherten meine Strohschuhe.

Plötzlich erblickten wir im hellen Mondlicht drei Zöllner. Sofort ließen wir uns niederfallen. »Meine schöne Kamera! Meine schöne Kamera!« jammerte und schimpfte der arme Batz. Xovio brachte ihn durch einen Rippenstoß zum Schweigen.

Die drei Gesetzeshüter hatten die Gewehrläufe in Segeltuch eingeschlagen, in der Hand hielt jeder einen Korb. In den Vereinigten Staaten wäre das so nicht möglich gewesen; es wäre viel zu gefährlich für Zöllner, so salopp – geradezu opernhaft wie in »Carmen« herumzulaufen. Xovio hatte uns gewarnt, Gebrauch von der Waffe zu machen; die Zöllner in Spanien pflegten nicht zu schießen – im schlimmsten Fall könnte es zu einem Handgemenge kommen.

Die Zollbeamten konnten es sich ohnehin kaum erlauben, jemanden zu verhaften, da sie in diesem Falle mit der Rache des ganzen Dorfes zu rechnen hatten. Kein Bäcker, kein Schlächter – kurz, kein Geschäftsmann würde ihnen noch etwas verkaufen; in diesen Schmugglergegenden arbeitete das ganze Dorf geschlossen Hand in Hand.

Die drei Repräsentanten der Staatsordnung waren inzwischen verschwunden, und wir stiegen weiter bis zu einer ziemlich großen Grotte. Dort trafen wir auf ein Dutzend Schmugglerkameraden. Wir warteten noch einige Zeit, um den drei Carabineros Gelegenheit zum Verschwinden zu geben.

Dann wurden ein paar Boote aus der Grotte gezogen, die kleinen Motoren in Gang gesetzt und der Form halber ein paar Netze ausgehängt. Ziemlich weit draußen – die Umrisse der Insel hatten sich längst am Horizont verwischt – trafen wir das algerische Ladeschiff. Kiste um Kiste mit amerikanischen Zigaretten wurden in unsere kleinen Boote geladen, bis sie so voll waren, daß die Mannschaft kaum noch arbeiten konnte. Trotzdem brachte sie das Kunststück fertig, noch ein paar Thunfische, die sich in unseren Netzen verfangen hatten, an Bord zu nehmen. Eine wertvolle Beute, die uns zudem noch als Tarnung dienen konnte …

Aber die Luft war zum Glück rein, als wir im Morgengrauen zurückkamen. José hielt Wache und gab das Signal. Doch als wir gerade aus den Booten sprangen, näherte sich ein uns unbekannter Polizist. Im Nu verwandelten sich die Schmuggler in harmlose Fischer; die Thunfische wurden hochgezogen, über ein paar Boote Netze geworfen; einer der Schmuggler stellte sich in Positur, und Batz fotografierte die Idylle. Was konnte der Polizist anderes tun, als im Vorbeigehen freundlich guten Morgen zu wünschen? Er wußte, was gut für ihn war. Nachts haben Carabineros und Schmuggler ihre »Rolle« zu spielen – das ist ihr Beruf, davon leben sie. Aber am Tage, da sitzen sie alle zusammen in der Dorfkneipe und reden dröhnend durcheinander über die Schmugglerplage auf Mallorca!

Acht Tage nach jener Nacht, in der Xovio mich mit seinem Schmugglergeschäft bekannt gemacht hatte, wurde in Arta, in der Nachbarschaft, der Bürgermeister kurz vor dem Eintreffen der nächsten Tabaklieferung erschossen. Und weitere drei Tage später hielt ein Zollbeamter einen eleganten Privatwagen auf der Straße nach Arta an und erschoß beide Insassen, den Neffen des erschossenen Bürgermeisters und den Sohn eines Abgeordneten.

Noch an diesem Tage mußten sämtliche Zollbeamten, die in Arta stationiert waren, aus der Stadt gezogen werden, denn die Wut der Bevölkerung kannte keine Grenze. Ein Carabinero nach dem anderen wurde überfallen. Keiner wagte sich mehr allein auf die Straße. Die Volkswut legte sich erst, als es sich herumsprach, daß die drei Morde nicht auf das Schuldkonto der Behörden, sondern auf das einer Konkurrenzbande kamen. Zollbeamte konnten sich nun in Arta wieder zeigen.

Jeder Mensch weiß, daß die wichtigen Dinge im Leben gelegentlich auf unerwarteten und eigentlich »unpassenden« Wegen auf uns zukommen. Dennoch, obwohl wir das wissen, geraten wir in Erstaunen, wenn wir höchst persönlich erleben, daß das Schicksal ein solches Spiel mit uns vorbereitet …

Mein Schicksal spielte mir Billie zu. Sie kam einfach in meine Bar in Begleitung ihres Verlobten. Billie war Engländerin. Sie war dreiundzwanzig Jahre alt, hatte blondes Haar, strahlendblaue Augen und ein klargeschnittenes, edles Gesicht. Sie war groß und schlank, eine vornehme Erscheinung.

Billie gefiel mir auf den ersten Blick. Beim zweiten Blick

dachte ich schon an Liebe. Wie aber hätte ich an sie heran-kommen können? Ihr Verlobter saß nicht nur neben ihr, sondern er hing förmlich wie eine Klette an ihrem Kleid. Ich machte einen Versuch, indem ich mich einer befreunde-ten Amerikanerin anvertraute und sie bat, mit dem Verlob-ten zu tanzen und ihn so lange wie möglich zu »beschäfti-gen«. Das gelang ihr auch sehr gut, und ich beeilte mich, zu Billie an den Tisch zu gehen und ihr in verhaltenem Ton zu-zuraunen: »Ich kann leider nicht tanzen – aber ich möchte Sie heiraten!« Ihr Blick sagte mir, daß sie mich für verrückt hielt; sie nahm dann auch keine Notiz mehr von mir.

Die Amerikanerin kam mir ein zweites Mal zu Hilfe. Sie arrangierte am nächsten Tag eine Teegesellschaft bei sich zu Hause, zu der sie auch die junge Engländerin, deren Verlobten und mich einlud. Als meine Gastgeberin mich begrüßte, sah sie sofort, daß ich mich ein bißchen zurecht-gemacht hatte.

»Jack, was hat das zu bedeuten? Du hast heute das Haar so glatt!«

Da ich aber schon damals wußte, daß Angriff der si-cherste Weg zum Erfolg ist, antwortete ich so laut und vernehmlich, daß jeder Gast es hören konnte: »Ja, ich habe mich so zurechtgemacht, um dieser charmanten jungen Dame zu gefallen!« Und damit ging ich auf Billie zu, um sie zu begrüßen.

Meine Gastgeberin stellte mich ihr jetzt in aller Form vor. »Sie dürfen das aber nicht wörtlich nehmen, was Mr. Bilbo sagt; er ist ein kleiner Spaßvogel.«

»Bitte, entschuldigen Sie mein Benehmen gestern in der Bar«, sagte ich zu Billie, »aber die Begegnung mit Ihnen hat mich so tief beeindruckt, daß ich nicht anders konnte, als Ihnen gleich das Endergebnis mitzuteilen, das für uns kommen wird!«

Billie sah mich wiederum wie einen Verrückten an und erwiderte: »Da dürften Sie sich wohl täuschen! Ich liebe nämlich meinen Verlobten.«

»Das glaube ich Ihnen nicht!« widersprach ich mit Nachdruck. »Ich glaube vielmehr, daß Sie sich in diesem Punkt täuschen.«

»Bitte« – auch Billie legte Nachdruck in den Ton ihrer Stimme –, »lassen Sie dieses Thema – lassen Sie mich in Ruhe!« Aber sie sagte es nicht mit jener unbedingten Festigkeit, die mir jede Hoffnung genommen hätte.

Am Abend kam sie wieder in die Wikiki-Bar, nur leider wieder nicht allein. Ihr Verlobter wich nicht von ihrer Seite. Mir aber wurde immer klarer, daß meine einzige Chance, an Billie heranzukommen, im Frontalangriff lag. Also bat ich den Verlobten, ihn einen Augenblick allein sprechen zu dürfen. Der Dummkopf willigte ein und folgte mir in den kleinen Wald, der sich an meinen Garten anschloß.

Ohne Einleitung und Umschweife begann ich: »Ich möchte Ihnen von Mann zu Mann eine ehrliche Erklärung abgeben. Ich liebe Billie, und ich bin überzeugt, daß ich der richtige Partner für sie bin. Sie stehen störend dazwischen. Einer von uns beiden muß hier weichen. Wollen wir die Entscheidung Billie überlassen?«

Ich hatte das alles knapp und klar und ziemlich schnell hintereinander gesagt, und der andere war viel zu verblüfft, um den Ernst erkennen zu können. Er lehnte ab.

Ich aber sagte nun scharf: »Morgen früh haben Sie Gelegenheit, den Bus nach Arta zu nehmen. Von dort haben Sie direkte Bahnverbindung nach Palma. In Palma bekommen Sie das Schiff zum Festland. Ich gebe Ihnen vierundzwanzig Stunden Zeit, die Insel zu verlassen! Es ist jetzt neun Uhr abends – ich lasse Ihnen elf Stunden Zeit, um mit Billie allein zu sein. Gelingt es Ihnen, sie zu überreden, mit Ihnen zu fahren, so nehmen Sie sie mit. Sollte ich Sie aber nach vierundzwanzig Stunden noch auf der Insel treffen – so garantiere ich Ihnen, dann gilt nur noch das eine: Sie oder ich. Und ich kann Ihnen schon jetzt sagen: Dieser eine, der siegt, das pflege ich zu sein. Versuchen Sie, sich mit einem anständigen Revolver zu versehen – falls Sie damit auch umgehen können. Gute Nacht!«

Als wir wieder in die Bar kamen, ging er sofort mit Billie nach Hause. Ich befand mich in einer grauenhaften Verfassung! Wie würde sich Billie entscheiden? Würde sie allein hierbleiben in Cala Ratjada? Würde sie mit ihm fortgehen? Oder sollte er die Nerven haben, *mit* ihr zusammen hierbleiben zu wollen?

Ich konnte unmöglich schlafen gehen – also blieb ich auf und tat die ganze Nacht Dienst; meinen mexikanischen Freund, der mit mir den Nachtdienst machte, bat ich, am Morgen zu beobachten, wer mit dem Bus abführe. Es dauerte eine Ewigkeit bis zum Morgen.

Mein mexikanischer Freund hatte die Abfahrt des Busses beobachtet. Der Verlobte war abgefahren – und Billie mit ihm!

Ich war zerschmettert. Ich konnte nicht frühstücken, mir war alles zuwider. Immer wieder sagte eine Stimme in mir: »Endlich hast du einmal ein Mädchen kennengelernt, die ganz nach deinem Herzen ist, und da läßt du alter Dummkopf sie dir durch die Finger gleiten!« Aber eine andere Stimme mahnte mich: »Ja, aber wenn die beiden sich wirklich lieben, woher nimmst du das Recht, dazwischenzufahren?« – »Unsinn!« antwortete meine erste Stimme. »Wie kann denn Billie einen solchen Mann lieben? Der ist doch ein Narr, ein Waschlappen!« Sollte aber diese letzte Antwort die Stimme meiner Eifersucht gewesen sein? – Ich redete mir diesen ganzen Komplex einmal gründlich vom Herzen; ich sprach mit Frau Liesegang.

»Was für ein Jammer!« sagte sie, als ich mit meiner Darstellung fertig war. »Diese junge Engländerin war wirklich ein Mädchen besonderer Art.«

Diese Worte taten ihre Wirkung. Ich trommelte ein paar meiner Freunde zusammen, und wir fuhren alle los in einem Wagen. Es war eine tolle Fuhre! Der Bus hatte bereits zwei Stunden Vorsprung. Aber wir holten auf! Wenig später als der Bus trafen wir in Palma ein. Nun galt es, schnellstens Billie zu finden!

Der »kleine Hugo« erkundigte sich an Bord des Schiffes, Konrad kämmte die Hotels durch, Balmori, mein mexikanischer Nachtgefährte, kontrollierte die Bars, und Rolf ging zu allen Reiseagenturen. Ich selbst sauste mit dem Wagen durch die Straßen von Palma. Wir hatten eine bestimmte Bar als Treffpunkt vereinbart. Aber trotz aller Bemühungen – Billie war nirgends zu finden.

Als ich an der Reiseagentur Cook vorbeikam, fiel mir plötzlich ein, daß Engländer meist ihre Post dort lagern ließen. Billie war Engländerin, also ging ich hinein. Ob für eine Dame dieses Namens eine Passage gebucht sei – nein.

Ob vielleicht Post für sie da sei – ja. Da war Post für sie! An welche Adresse? Und sofort brauste ich dorthin – es war ein entzückendes kleines Haus etwas außerhalb von Palma, wo ich Billie bei ihrem Bruder vorfand. Ich versuchte, ihr mein Benehmen zu erklären, aber sie fand es nur unmöglich und sagte, daß sie endlich Ruhe vor mir haben wolle. Aber ich bekam doch heraus, daß ihr Verlobter ihr gesagt hatte, er habe mich mit 50 Pfund abgefunden, damit ich sie in Ruhe ließe. Das tat es!

Ich packte Billie am Arm: »Wo hält der Kerl sich versteckt?« – Im Grand Hotel. Ein paar Minuten später war ich im Grand Hotel. Ich hatte Glück. Ich erwischte ihn in der Halle; aber er versuchte zu fliehen. Ich jagte ihm nach, immer treppaufwärts! Auf dem dritten Flur hatte ich ihn endlich und schlug ihn ganz einfach zusammen – aber in der Zwischenzeit hatte die Hoteldirektion bereits die »Guardia civil« alarmiert, und ich wurde festgenommen! Und Billie – die zunächst aus Sorge um ihren Verlobten nachgekommen war – ging jetzt zu mir über und begleitete mich zur Polizeiwache! Dort waren sie schon ziemlich gut über mich informiert – die meisten der Polizisten waren Gäste in meiner Bar gewesen. Unter Lachen und vielen Entschuldigungen wurde ich wieder entlassen. Diese Szene aber hatte Billie etwas gezeigt und bewiesen – etwas, worauf sie bei ihrem bisherigen Verlobten vergebens gehofft hatte.

Jetzt schien mir alles sehr einfach. Ich brachte sie zu ihrem Bruder – sie wollte nur ein paar Sachen zusammenpacken und mitkommen nach Cala Ratjada, wo sie dann bei unserer gemeinsamen Freundin, der Amerikanerin, wohnte.

Ihr früherer Verlobter hatte die Klugheit, die Insel zu verlassen – Billie und ich verlobten uns offiziell.

Billie war ein wunderbarer Kamerad. Sie fühlte sich sofort verpflichtet, mir einen Pullover zu stricken. Ich sollte die Wolle halten, damit sie das Knäuel rollen könne. Ich machte ihr gleich klar, daß ich nicht der Typ sei, Wolle zu halten. Darauf hängte Billie die Wolle über eine Stuhllehne und wickelte das Knäuel allein auf. Dann strickte sie – schnell und in Wut. In den Jahren, in denen ich mit Billie zusammenlebte, strickte sie öfter schnell und in Wut – so wurde ich Besitzer vieler Pullover!

Bisher hatte ich geschäftlich Glück gehabt – aber ich hatte kein Glück in der Liebe gefunden. Jetzt hatte ich das wunderbarste Mädchen der Welt – das warf einen Schatten auf die Bar. Eifersucht. Ein paar frühere Freunde und besonders Freundinnen boykottierten die Bar und versuchten sogar, andere fernzuhalten. Man stellte sich auf private Partys ein – und während der Zeit, in der Billie in London war, um dort ihre Brücken abzubrechen, das heißt ihren großen Besitz aufzulösen, verkaufte ich die »Wikiki« an einen Freund, um sie nicht durch meine Schuld weiter herunterkommen zu lassen. In Barcelona traf ich mich mit Billie. Verdrehte Journalisten hatten publiziert, daß in Andorra – dieser kleinen Republik zwischen Spanien und Frankreich – ein Spielkasino eröffnet werden sollte; ich hatte den Gedanken, in diesem Kasino eine Bar einzurichten. Aber ganz Andorra wußte noch nichts von seinem bevorstehenden Spielkasino – also mußten wir andere Pläne machen.

Eine Autostunde von Barcelona entfernt, liegt der entzückende Badeort Sitges. Dort bauten wir uns ein hübsches

Haus nach gemeinsamen Wünschen: drei Schlafzimmer, ein Mädchenzimmer, ein Wohnzimmer, Küche, Bad, Garage. Schon das Zeichnen und Planen machte viel Freude. Ich habe täglich acht Stunden auf dem Bau mitgeholfen. Die Spanier sind es gewohnt, sich Zeit zu lassen; der Bau unseres Hauses hätte normalerweise ein Jahr dauern können – das Haus war aber bereits in zwei Monaten fertig! Alles, was in Sitges Beine hatte, kam und bestaunte unser »Wunderhaus«. In das flache Dach hatte ich ein Schwimmbassin eingebaut, das zugleich den großen Vorzug hatte, in der sengenden spanischen Sonne das Haus zu kühlen. Es war den Blicken der Menschen vollkommen enthoben. Wir hatten rechts die Berge, links das Meer und über uns den Himmel – was konnte es Schöneres geben!

Dann baute ich wieder eine Bar. Diese nannte ich SOS-Bar. Ich bot dreihundert verschiedene Cocktails an! Durch die Qualität der Getränke und gutorganisierte Geschäftsführung, durch zähe Arbeit und geschickte Reklame hatten wir bald so viel Einnahmen, daß ich alle Kredite, mit denen ich die Bar gebaut hatte, zurückzahlen konnte. Das eigene Geld war für die extravaganten Ideen des Hauses verbraucht worden.

In dieser SOS-Bar gingen bekannte und berühmte Persönlichkeiten ein und aus, und viele von ihnen wurden meine Freunde. So kamen Douglas Fairbanks senior und junior; Max Schmeling, mit dem ich trainierte, als er sich auf den Kampf gegen Paolino Uzudon, den Basken, vorbereitete; seine Frau, Anny Ondra, die tschechische Filmschauspielerin. Es kamen der Bergsteiger und Filmschauspieler Luis Trenker; der Pariser Revuestar Jeanne Aubert;

der amerikanische Philosoph Michael Fraenkel; Leslie Woodgate vom BBC London mit seiner Frau Lena; Léon Blum, der Präsident von Frankreich; der Pilot David Llewellyn; die französische Meisterschwimmerin Solita Solares; der Tennisstar Bubi Maier; der Pianist Travers und viele andere Persönlichkeiten und Berühmtheiten.

Als H. G. Wells und G. K. Chesterton zum erstenmal zusammen an einem Tisch in meiner Bar saßen, ging ich zu ihnen und sprach sie ganz salopp darauf an, daß sie ja auch »Schreiberlinge von Beruf« seien. Erst verfinsterten sich ihre Gesichter, dann dämmerte es H. G. Wells, daß ich mir einen Scherz erlaubt hatte, und dieses war der Anfang unserer Freundschaft; Chesterton hingegen mochte meine Art nicht sonderlich – und mir wiederum gefiel an ihm nicht, daß er soviel über seine eigenen Sachen klagte, daß er sich selbst leid tat – immerhin, er erwähnte diese kleine Episode in seiner Autobiographie.

Einmal spielte ich mit einem kleinen verwachsenen Mann Schach und verlor eine Partie nach der anderen; darauf gab er sich endlich als französischer Schachmeister zu erkennen!

Aber ich verdanke dem Schachspiel noch eine andere interessante Bekanntschaft: Der Mann sah aus wie Trotzkij, der unter Lenin die Rote Armee begründet hatte und sich jetzt als Stalins Todfeind im Exil befand. Ich fragte ihn geradezu, ob er Trotzkij sei; er verneinte. Darauf sagte ich, immerhin sähe er aber aus wie Trotzkij.

»Das höre ich öfter«, war seine Antwort.

Dann spielten wir zusammen Schach, und ich sagte: »Sie spielen wie Trotzkij.« – »Viele andere auch«, antwortete er.

Dann sprachen wir über Politik, und ich wies ihn darauf hin, daß seine Ideen Trotzkijs Ideen seien, und was noch viel wichtiger sei, daß die Korrekturblätter, die er dort mit dem schönen Titel »Bastard Death« hätte, aus der Feder von Trotzkij stammten.

»Aber woher wissen Sie denn das, Herr Bilbo?« kam seine erstaunte Frage.

»Wir haben den gleichen englischen Verleger, Herr Trotzkij!«

Da lachte er laut auf und gab zu, Trotzkij zu sein.

Die Filmschauspielerin Jeanette Macdonald sang bei mir. Einmal machte ich die Bekanntschaft von zwei jungen Engländern; der eine gehörte dem Auswärtigen Amt an, der andere war der Rechtsanwalt George Davies, mit dem mich seither eine tiefe Lebensfreundschaft verbunden hat. Ich erwähne ihn hier in Sitges nur kurz – ich werde später ausführlicher von ihm zu erzählen haben.

König Carol von Rumänien mußte ich ganz wörtlich aus der Bar hinausschmeißen – wir hatten keinen Platz für seine Medaillen und seine Angeberei.

Aber auch Gestapospione kamen in meine Bar. Ihnen mixte ich garantiert ein starkes Abführmittel in den Cocktail, damit sie spätestens in zwanzig Minuten auf die Toilette mußten und dort für längere Zeit festgehalten wurden. Ich erkannte sie immer sofort. Abgesehen davon, daß sie, wie viele Deutsche, die Hosen zu kurz trugen, hatte ich für sie einen todsicheren Instinkt …

Diese Sehnsucht nach Einsamkeit

Also ich gehöre zu den Menschen, die gern im Café du Dôme sitzen, von berühmten Leuten umgeben – Strawinskij, Pascin, Copeau, James Joyce –, und die von Eremiten und Einsamkeit träumen.

Ich bin nicht allein mit diesem sonderbaren Zeitvertreib. Jeder meiner Freunde hat sich das eine oder andere Mal über die sechs oder sieben andern hinweggebeugt und aus derselben Laune heraus mit tiefer vertraulicher Flüsterstimme gesagt: »Weißt du, ich möchte gar zu gern fortgehn von Paris. Ich möchte an einen ruhigen Ort gehen, so etwas wie die Balearen, wo ich sitzen und stundenlang über mich nachdenken kann und weiß, daß ich unbeobachtet bin; wo ich, wenn es mir paßt, tagelang egoistisch sein darf; ein Ort, wo die Leute nicht sind, und ich bin.«

Jedermann, der in einer Großstadt gelebt hat, kennt diese Reden und weiß aus eigener Erfahrung, daß es damit sein Bewenden hat, aber ich – anders als meine Freunde, die jahraus, jahrein im Café sitzen und diesen wohligen Zustand erreichen, indem sie jedem, der ihn oder sie anspricht, die Antwort verweigern –, ich packte meinen abgenutzten Lacklederkoffer, und als ich schon meine Aufkleber in der Hand hielt, fragte ich ein paar von meinen weitgereisten Freunden nach der abgelegensten und primitivsten Insel,

vor allem fragte ich sie aus über die Insel Mallorca oder die
»Glücklichen Inseln«.

Alle ergingen sich in Hymnen über diese Insel.

»Ach, wunderschön, herrlich, prachtvoll, einzigartig,
göttlich.«

»Na gut«, sagte ich. »Aber ist es dort warm?«

»Warm? Es ist phantastisch!«

»Erschwinglich?«

»Fabelhaft!«

»Kann man ein Haus mieten?«

»Einmalig günstig. Jeden Donnerstag und jeden zweiten
Samstag!«

»Was?« Ich schrie fast auf, in dem Bemühen, die Flut
einzudämmen. Der Vorderste in der Gruppe sagte, indem
er den Blick zu einer kurzen Betrachtung profaner Dinge
senkte: »Ach ja, alles, wie du es dir vorstellst. Die *peseta* ist
einfach nichts gegen den Dollar.« In einer Woge von Verzweiflung befestigte ich meine Aufkleber, nahm ein Taxi
und begab mich eiligst auf den Weg nach Mallorca.

Nun ist der Eremit auf dem Weg zur Einsamkeit darauf
gefaßt, unsanft über die Grenze befördert zu werden. Ich
sagte daher nichts, als ich meine Schuhe aufklaubte, den
einen diesseits, den andern jenseits dieser merkwürdigen
Grenze, Port Bou genannt. Ein Zöllner schubste mich von
hinten auf Französisch, und ein Zöllner bohrte von vorn
seinen Ellbogen auf Spanisch in mich hinein, und ich sagte
nichts. Ich dachte, wer viel erreichen will, der muß wenigstens fünfmal umpacken.

Daß ich Barcelona verließ, versteht sich von selbst. Ich
verließ es, so schnell ich konnte. Das ist Spanien, sagte ich,

aber es ist nicht spanisch. Weit und breit war nicht eine einzige *Mantilla* zu sehen und nicht ein einziger Mann, der mit einem andern in tödlichem Streit lag. Ich nahm ein Schiff nach Palma. Endlich war ich abgeschnitten.

Im strömenden Regen (es hat seit Menschengedenken bis zu meiner Ankunft in diesen Orten nicht geregnet), zu Schiff, mit der Bahn, mit dem Bus, zu Fuß fand ich mich in jener kleinen Stadt, die bei den Einheimischen Deià heißt. Ich ließ mich am Straßenrand nieder und bestellte ein Haus und eine Tasse Tee.

»Tee?« sagte eine Dame, die aus einem Graben hervorkroch (Deià besteht nur aus Gräben und Mauern), »Tee? Hier trinkt man keinen Tee, wissen Sie. Die Spanier trauen ihm nicht, und die Katalanen fürchten sich regelrecht davor. Zudem gibt es kein Wasser auf der Insel außer dem, in dem Sie sitzen; und der Wein ist abscheulich!«

»Was trinkt man dann?« schluchzte ich.

»Sie trinken«, sagte sie mit einer lustlosen Handbewegung, »Olivenöl. Es ist sehr gut, und wenn Sie genug haben davon, falls es je dazu kommen sollte, können Sie zusehen, wie es gemacht wird, und wenn Sie es gründlich satt haben, können Sie mit einem handlichen Kuchen Olivenölseife Wäsche waschen und morgens ...«

Ich hörte nicht zu. Ich mietete das Haus, an dem ich lehnte, ohne die Räume zu zählen. Ich bezahlte dafür mit ein paar von diesen großen schweren Dingern, die *pesetas* heißen. Ein Fünfpesetenstück ist unmöglich, zwei sind unglaublich. Nachdem ich das erledigt hatte, zählte ich mein Geld und brach in Tränen aus. Und dann fiel ein Stück Verputz von der Wand.

»Und doch«, sagte ich mir, »bist du nun allein, Lydia, göttlich allein.« Ich hörte zu, wie es regnete, auf jedes Dach in der Stadt, so regnet es nämlich auf den Balearen; dann verfingen sich ein krachender Blitz und sein Bruder Donnerschlag zwischen mir und dem Bett. Sie stritten sich mit mir. Zuerst riß mich der Blitz hoch und warf mich gegen den Donner. Dann riß mich der Donner hoch und warf mich gegen den Blitz. Dann riß ich mich zusammen, zog meine unverwüstlichsten Reithosen an, setzte mich hin und schrieb – es ist die erste Handlung derer, die am liebsten allein sind – an alle, die mir einfielen. Natürlich wußte ich, daß es zwecklos war. Die Post von Deià ist eine Einwegpost. Der Weg des Postboten.

An jenem Abend wurde in der Kirche eine Moralpredigt über mich gehalten. Der Prediger sagte, daß eine Heidin, die Reithosen trägt, unter ihnen sei, und daß die Frauen ihre Augen niederschlagen sollten, bis er, der Prediger, eine Entscheidung darüber fällen würde, was zu geschehen habe.

Ich dachte, ich könnte gleichwohl einen letzten Blick auf den Himmel werfen. In meinem Innenhof waren Olivenbäume und Feigenbäume, das war alles. Du ißt eine Olive, und dann ißt du eine Feige, und dann kriegst du Krämpfe, und dann bringst du dich wieder auf die Beine mit einem Teller Reis, der mit Knoblauch und gewöhnlichen Saubohnen gewürzt ist, und ob es dir schmeckt oder nicht, das ist jedenfalls alles, was es gibt. Dann schreibst du noch einen Brief und sagst dir, daß du nirgendwo anders sein möchtest, als wo du bist, und daß du Regen und Reis schon immer gemocht hast, mit all den natürlichen Plagen, die die Natur bereithält.

»Ach, wie schön«, sagte ich, »ich bin allein, ganz allein, und der Geist ist alles, und wenn man alles hat, kann man verzichten, wirklich verzichten.« Ich sagte: »Unter diesen Katalanen läßt es sich denken, man kann es ihnen am Gesicht ablesen, daß sie keinen einzigen von den Gedanken verwenden werden, die du möglicherweise denkst.« Du weißt, daß sie eine höfliche Rasse sind, weil man dir das eingeredet hat. Und dann gibt es auch noch die Legende von Valldemossa, die das ihre dazu beiträgt. Sie haben George Sand und Chopin über die ganze Insel gejagt, von Valldemossa bis hinunter ans Meer, alles mit der erlesensten Höflichkeit. Sie haben, unter anderem, die höflichsten Messerstecher, die die Menschheit kennt. Und dann sind sie eben aus dem Süden, und Süden bedeutet Hitze. Ich weiß es, mich friert, während ich schreibe.

Ziegen gibt es auf Mallorca. Sie stehen auf den Berghängen und lachen dich aus. Schafe gibt es, sie sehen dich an mit dem langsamen melancholischen Blick eines Ertrinkenden, der auf einen andern schaut.

Du entdeckst sehr bald, daß die Läden ›anders‹ sind. Du bist drin gewesen, in allen, auf der Suche nach Nahrung. Alle haben genau dieselbe Auswahl. Säcke voll von etwas, das wir in Amerika Viehfutter nennen würden. Du gehst muhend hinaus.

Wie du ins Licht trittst, siehst du ein Gesicht, ein menschliches, angelsächsisches Gesicht, voll göttlicher Tücke, Niedertracht und Schläue. Ein Gesichtsausdruck, mit dem du aufgezogen wurdest und dem du zu vertrauen gelernt hast. Du fällst ihm um den Hals. »Was machen Sie denn hier?« fragst du, und der Dôme-Bewohner, denn um einen solchen handelt es sich, entgegnet: »Ich kam, um allein zu sein, um der Einsamkeit willen.«

Mit wildem dämonischem Auflachen sagst du zu ihm, daß er deine haben kann, ganz und gar, in deinem Haus und drum herum. Aber da kommt noch ein Dôme-Bewohner hinter einem Felsen hervor. »Was, ihr sucht beide einen Zufluchtsort vor der Menschheit! Nehmt euch meinen, reißt ihn in Stücke, trampelt darauf herum, stampft ihn in den Boden, bringt ihn um, und wenn ihr etwas weniger Sibirisches daraus gemacht habt, wenn, mit anderen Worten, ein Dôme in Deià errichtet ist, dann will ich wiederkommen. Bis dahin *viva el rey!*« Damit eilst du zurück, packst deinen abgenutzten Lacklederkoffer, schlenkerst das Olivenöl von den Füßen und nimmst das nächste abgehende Boot.

Du sitzt an Deck und siehst zu, wie die »Glücklichen Inseln« in der Ferne verblassen. Die Brise trägt dir das letzte Gelächter der Bergziegen zu. Du greifst nach deinem Adreßbuch und der Aufenthaltsgenehmigung. Du bist auf dem Weg zurück nach Paris und ins Gefängnis. Du bist unbändig froh. Bald wirst du dich verloren haben in der Zerstreutheit und der gänzlichen Einsamkeit der Boulevard-Cafés. In der Eremitage von Montmartre.

Das Meer

Unter der Dreiuhrsonne, die über den Disteln und Stoppeln mit bleichender Kraft so edel wie unerbittlich brannte und den Klatschmohn, die weißen und rosa Winden, die zarten Trespen ihre Farben verlieren ließ, ächzte der Rundgang aus Portlandzement, der eintönig grau den Pavillon umkreiste.

Die Gräser standen bis an den Weg heran, als befriedeten sie den Stein mit ihrem umschmeichelnden Grün der Erde, das überall sprießt, wo man es lässt, wie die Liebe und die Vagabunden, die vom nächsten Augenblick leben. Als übten sie die Freiheit wie einen Beruf aus.

An den Rändern des Gehweges wiegte der klebrige Alant seine tiefgrünen Blätter und kleinen gelben, übelriechenden Blüten im Wind eines Nachmittags um drei Uhr. Der Alant ist wie alte Frauen, wie Jungfern mit all ihrer Präsenz und strengen Ausdünstung. Die Gräser im Umkreis des Pavillons erzeugen eine gewisse, namenlose Lebendigkeit der Gegend, die gleich hinter dem Fußende der gelben *chaiseslongues* beginnt, hinter dem Fußende des vernickelten Bettes und den notorischen Lampenschirmen aus trübem Glas, neblig, wie eine Karaffe, die man eben aus dem Eisschrank genommen hat.

Die fächrigen Stängel des Fenchels und seine sternenförmigen, gelben Blüten schaukeln inmitten des menschenleeren Platzes hin und her, leuchtend, duftend, unbeteiligt.

Vom Schlafsaal aus dieses Grün und die unbeackerte Erde so nah zu sehen, ähnelt auf verzauberte Weise dem flüchtigen, unverstellten Blick auf die Garrigue bei der Küste, auf ihre ersten Ausläufer, die man durch die Fenster eines Nachtzuges sieht, die ersten Büsche, die ersten Oleaster, die ersten Steppen, auf die von den Wagons aus ein pudriger und flackernder Lichtschein fällt.

Ich, der ich mich hier ausgestreckt habe, weil ich keinen anderen Ort gefunden habe, schaue den vorbeifahrenden Zügen hinterher, wie dem Leben. Manchmal kehre ich zurück. Aber niemals war ich in der Lage, so tief einzuatmen, wie Menschen es tun, die ankommen und wissen, dass sie angekommen sind, die mit der Zunge Geräusche machen, wenn sie ein Glas kaltes Wasser geleert haben.

An diesem Ort gestrandet, liege ich gleichermaßen gefesselt wie ich mit dem Zug unterwegs bin, als käme ich an einem Sonntag zu später Stunde aus der Stadt zurück und alles hätte sich folgendermaßen ereignet:

Meine Freunde, Angestellte einer Bank, erwarteten mich an der Bushaltestelle; zugleich eine Bar mit vielen Geschäftsleuten als Kundschaft. Davor saßen rotgesichtige Typen in Korbsesseln.

Wir liefen durch ein paar enge, dunkle und übel riechende Straßen. Ich las die Firmenschilder über den Lebensmittelläden, Reinigungen, Bars. Die Schilder klangen überwiegend optimistisch: *Die goldene Ameise, Das Eden, Die Oase, Die Schuhklinik, Die Morgenröte, Lebensmittel Esperanza, Der Orient, Die Perle, Kurzwaren Rosamunda,*

Pension Lincoln, Zum Kaiser, Batavia, Mateo Llompart –
Fleischhandel und Darmwaren, Delikatessen Mapamundi,
Triana, das *Arche Noah.*

Es gab auch nüchterne, klassische Firmenschilder: *Milch-*
geschäft, Seilerei, Hebamme, sachlich, wie ein Kalender, der
die Jahreszeiten ankündigt.

Dann, in einer steilen Gasse mit Pflastersteinen, bei
Mondschein und schwachem elektrischen Licht aus den
Ecken, auf halbem Weg: *Das Tirol* – über einem schmalen,
niedrigen Eingang angebracht, warf das Schild ein grünes
Licht auf die Hausnummer.

»Du, das ist es.«

Mit gesenktem Blick, als liefe ich vorbei (ich meine:
arglos tuend), trat ich ins *Tirol,* ein schiefwinkliger Raum,
eher beengt als geräumig, mit niedriger Decke, mit schwarz
angemalten Wänden. Im Abstand von einem Meter kleine,
steinerne Gargylen mit Monsterfratzen, Lampen, die einen
schummrigen, gelben Lichtschein auf die Tische mit wort-
kargen Biertrinkern daran warfen.

»Diese Tür.«

Miquel Colombàs deutete mit dem Finger auf eine
schmale Tür, mehr ein Spalt. Er grinste, als er mich mit
den Händen in den Taschen sah, verschreckt, auf buttrigen
Beinen, unsicher wie ein gerade entwöhntes Stierkalb auf
Asphalt.

Nach drei in den Stein gehauenen Stufen standen wir in
einem Gewölbe, das dem ersten glich, nur noch dunkler
war. Auf der gegenüberliegenden Seite, hinter einer Bank
mit hoher Rückenlehne und Zacken, lag eine Öffnung,
einem Zugang zu einem Grab ähnlich, das man in den Fel-

sen gehauen hat. Wir setzten uns. An einen langen Tisch. Ich weiß nicht warum, aber hier sprach jeder mit leiserer Stimme als auf der Straße, leiser als in einer anderen Bar. In dieser Höhle sprachen alle so leise, als wäre ein Unfall passiert.

»Du solltest uns mal hören, wenn wir an Winterabenden, an diesem Tisch hier, über die geistreichen Dinge der Welt streiten, über das Böse im Allgemeinen.«

»Du, wie drei Bände der Enzyklopädie von *Espasa*.«

»Der hier zum Beispiel …«

Miquel Colombàs stupste Magí Escales mit der Schulter an.

»… der ballt seine Fäuste, wenn er diskutiert, Mensch, als kletterte er zum Col d'Aubisque hinauf. Der ist, wenn es um den Verstand geht, wie ein Cañardo.«

Der *barman* stieg mit einem gelben Putztuch in der Hand die drei Stufen hinunter.

»Was soll's sein?«

»Für mich ein dunkles Bier.«

»Ein dunkles Bier.«

»Für mich auch, ein dunkles Bier.«

Der *barman* schaute mich an und:

»Sie?«

Für mich war das dunkle Bier immer das Getränk der harten Kerle aus dem Wilden Westen.

»Ein helles Bier.«

Es überkam mich sofort ein beklemmendes Gefühl, als hätte ich Limonade bestellt.

Der *barman* kam mit den vier randvollen Bierkrügen, der Bierschaum so hoch, dass er über den Rand lief.

»Eins, zwei, drei ... und viertens.«

Miquel Colombàs, Magí Escales und ein Junge, an dessen Namen ich mich gerade nicht erinnere, umfassten ihre Krüge mit beiden Händen. Sie tranken mit geschlossenen Augen und man hörte das Geräusch des Bieres, als es am Adamsapfel durch die Kehle rann.

»Aaaaaah!«

Miquel Colombàs schnappte nach Luft, eine Hand am Krug, die andere auf der Brust. Er sagte:

»Mein Vater hat einmal im *Bilbao* zwanzig Bier getrunken. Nicht zwanzig Stößchen, zwanzig Bier. Er sagte, er habe die Wirkung in seinem Bauch, der ihm angeschwollen sei wie eine Seemannsbluse, nicht gespürt, solange er am Marmortisch gesessen habe. Er habe den Drang erst dann gespürt, als er eine Weile zu Fuß unterwegs gewesen sei. Er habe acht Minuten lang gestrullt, in der *Bar Central*. Danach – sagt er – hätte er sich völlig entspannt gefühlt, als hätte er sein Glück darin gefunden, zu strullen.«

Von meinem Stuhl aus konnte ich das über dem Tresen mit weißer Erde auf Glas Geschriebene entziffern: *Gezapftes Bier, Cidre, Leckere Orxata aus Valencia, Tapas, Spezialitäten des Hauses.*

»Zur Feier unseres Freundes hier ...«

Miquel Colombàs deutete mit dem Kopf auf mich.

»... könnten wir einen Teller mit Tapas bestellen. Das käme drei Peseten mehr für jeden. Ich habe zwanzig – für heute und morgen. «

Miquel Colombàs holte vier Duros aus seiner Tasche. Zusammen mit diesen zog er ein weißes, gefaltetes Taschentuch hervor, mit blauem Monogramm in einer Ecke.

»Das ist mein Kapital. Zehn Peseten für diesen Abend. Wenn die Arithmetik in den letzten vierundzwanzig Stunden nicht auf den Kopf gestellt wurde, bleiben zwei Duros übrig. Ein Duro für einen Gin mit Siphon drüben im *Bruselas*. Um morgen schwimmen zu gehen, zwei Peseten für die Straßenbahn. Drei Peseten für die Umkleide. Und futsch! Danach bin ich völlig abgebrannt.«

»*Olé! Ein Genie der Buchführung!*«

»Halt!«

Miquel Colombàs reckte die Hand hoch, mit der Hand reckte sich auch der Kopf, als riefe er ein Taxi.

»Ich hatte die Möglichkeit nicht berücksichtigt, dass mich jemand zum Strand mitnehmen könnte, hinten auf seinem Motorrad. Und auch nicht die Möglichkeit, die Kleidung auf dem Sand, hinter einem Busch liegen zu lassen und mir so die drei Peseten zu sparen, die, zusammen mit den zweien vom Motorrad, ein Duro wären. Der Titel eines italienischen Films: *Miquel, der Duro und der Sonntag.* Für einen amerikanischen Spielfilm: *Ein Duro im Sand.* Für eine franco-italienische Produktion: *Ein Duro und ein Bonasera.* Und nun ein Titel für einen spanischen Film: *Der Letzte von Sacromonte.* Ortega y Gasset mit seinem hellen Köpfchen würde dazu sagen: ›Ich bin ich und meine fünf Peseten.‹«

Miquel Colombàs' Augen kreisten wie verrückt – wie in lustigen Cartoons.

»Ist euch aufgefallen, dass ich ›meine fünf Peseten‹ sage und nicht ›meine Umstände‹?«

Miquel Colombàs ohnehin große Vene in der Mitte der Stirn schwoll an.

»Weißt du, was mir aufgefallen ist?«

Miquel Colombàs antwortete mit betretener Stimme, als plage ihn eine Angina.

»Was?«

»Dass dein Vater im *Bilbao* die Situation besser beherrschte als du.«

Miquel Colombàs kopierte die schleppende und verleugnende Stimme einer Femme fatale.

»Und weiter?«

»Dass du gerade im Rang abrutschst.«

Miquel Colombàs hatte beide Arme auf dem Tisch ausgestreckt, den Kopf gesenkt. Er saß da wie ein Marist.

»Weißt du, mein Vater würde sehr wohl zum Strullen ins *Bilbao* gehen. Das *Bilbao* ist aber zu weit entfernt, um zu strullen. Das *Tirol* ist, wenn man es genau betrachtet, sowohl in der Trink- wie in der Strullstraße. Wenn man's genau betrachtet.«

Der *barman* stellte einen Teller mit Mortadella auf den Tisch. Die weißliche, hier und da klare Sauce schmeckte nach Essig. In der Sauce lagen vier lange Cannelloni. Einer für jeden.

Ich war einen Augenblick zerstreut und mit den Gedanken woanders. Als liefe ich irgendwo arglos vorbei. Die anderen hatten in Windeseile die Tapas verschlungen. Ein kleines rundes Stück Mortadella war übriggeblieben und Miquel Colombàs zielte schon mit seinen Gabelzinken.

»Das muss sein Stück sein. Er hat noch n…«

Colombàs tröpfelte mir etwas Sauce auf die Mortadella, grinste mich an und zeigte seine strahlend weißen Zähne.

»Das ist auch für ihn. Ein Cannello für jeden.«

Und er schob mir den Cannello rüber, wobei er ihn mit der Hand abschirmte und die anderen anschaute wie ein trauriger Junge, der den Kopf emporreckt, wie ein bedauernswerter Stierkämpfer vor seinem ersten Kampf, der in die Tribüne schaut.

Neben der Bar stand eine blaue Hortensie im Topf direkt vor einer Uhr, die gerade neun schlug. Die Uhr hatte eine brüchige, rostige, abgesoffene Stimme, eine, die Uhren nur noch selten haben, die aber für diejenigen, die sie hören, immer brüchig, rostig, abgesoffen klingen wird. Es gibt Dinge, die man wie Uhren wahrnimmt: die Liebe, weißes Haar, Trennungen, die Vergesslichkeit. Alles, was aus Stille und Vergesslichkeit gemacht ist, die Erde und das Blut.

»Und wenn wir noch ins *Bruselas* gehen ...«

Magí Escales sprach mit hauchzarter Stimme, den Kopf etwas gesenkt. Gleich darauf und mit einer unendlichen Sanftheit, die er in seine Stimme legte, als entschuldige er sich bei mir, als litte er, mir etwas so Simples mitzuteilen, fügte er hinzu:

»Hör mal. Wir haben hier die Gewohnheit, dass jeder für sich bezahlt.«

Ein frostiger Wind schien über den Tisch zu wehen. Zwischen uns hindurch.

»Das ist besser. Das ist immer besser.«

Ein deutsches Pärchen küsste sich – als wären sie Vögel im Wald.

»Das sind acht Peseten für jeden.«

Das Pärchen schlürfte den Schaum ihres Biers ab, die Hände flach auf dem Tisch und den Kopf nach vorne gekippt. Wie die Pferde an der Tränke im Dorf.

»Einverstanden …«

Unter dem Lichtdurcheinander der Laternen glitzerte der Asphalt und in der Luft über den Dächern, den zahllosen Leuchtreklamen, segelte das wahre Licht, das harte Licht der Sterne über die Stadt, die wie eine kolossale Wölfin hechelte.

»Das Ambiente im *Bruselas* ist anders, warte es ab. Im *Bruselas* gibt es ein Klavier, ein weißes Klavier. Im *Bruselas* wirst du Frauen sehen. Aus allen Ländern. Sie lungern auf einem Sofa oder sitzen an der Bar. Vier oder fünf, aus allen Ländern durcheinander, Internationale.«

Miquel Colomàs machte mit der Hand eine anschauliche Geste, wenn er »Internationale« sagte.

»Obwohl sie dir im *Bruselas* einen ausgeben, bestelle keinen Krug Bier wie im *Tirol*.«

»Wieso nicht?«

»Keine Ahnung. Das ist halt so. Es gibt Dinge, die kann man nicht erklären. Du fragst dich unentwegt und kommst nicht drauf. Aber im *Bruselas* trinkt man Bier nicht aus dem Krug. Wegen der Bilder an den Wänden, dem Klavier, der Musik.«

»Aha!«

Wie in einer billigen und rauen städtischen Realität schwebte durch die hell erleuchteten Fensteröffnungen ein Geruch nach verbranntem Öl, ein trauriger Geruch nach frittiertem Fisch zwischen all den elektrischen Lichtern und den bunten Sternen.

Wir gingen um die Ecke, an einer Laterne vorbei, wo zwei etwa zehnjährige Burschen mit zerzausten Haaren standen und Sammelbilder tauschten, ich weiß nicht, einer

Nudel- oder Suppenmarke. Eine Gruppe italienischer Soldaten ging vorbei.

Die Straße war lang, gerade und eng. An ihrem Ende flackerte das Grün der Bäume des Boulevards in der nächtlichen Luft unter dem Licht der Leuchtreklamen, das auf die wie Heliotropen gesprenkelten Cafés, auf die grünen Markisen, auf die roten Markisen, auf die tanzenden Tische, auf die gläsernen Flaschen fiel, die gelb und blau in der klaren Nacht glitzerten.

»Siehst du diese gelbe Glühbirne?«

»Ja.«

»Dort ist es. Der Eingang ist genau wie der des *Tirols*.«

Am Straßenende, zwischen den Bäumen des Boulevards, blinkte ein Leuchtkasten. Er kündigte an: *Der Blaue Engel. Marlene Dietrich.* Ein anderes Plakat zeigte einen Jungen, der auf dem Boden kniend, den Kolben einer Winchester unterm Arm, über die Felsen eines grünen Tals hinweg auf die andere Uferseite feuerte, wo eine Herde Rinder stand.

»Du, hier ist es.«

Eine Gruppe italienischer Piloten kreuzte unseren Weg.

Ein niedriger Eingang war das, mit einem ausgeblichenen, in Rot gefassten Schild, rund wie der Türbogen, mit langgezogenen, gelben Lettern. Wir mussten drei ausgetretene Stufen hinabsteigen.

»Ramona … «

Im hinteren Bereich des Raums haute ein junger Däne, hellhäutig wie ein Albino, brutal auf die Tasten des weißen Klaviers, auf dessen Deckel ein gelber Blumenstrauß stand.

Neben dem Klavier stand ein fettleibiger Sänger in einer schwarz getupften Sahara-Jacke und schmetterte übertrieben gestikulierend wie ein Operettenmime.

>*... si sientes en tu corazón...*
las suaves caricias de una gran pasión ...«

Wir setzten uns an einen gelben Tisch. Quasi am Eingang. Um das Klavier zu sehen, mussten wir uns umdrehen. Der Kellner legte ein Lächeln auf, als er vor unserem Tisch stand, und Miquel Colombàs blickte zu ihm hinauf:

»Einen Gin.«

»Mit Soda?«

»Ja, mit Soda.«

»Und Sie?«

Mir schien, als verschluckte ich meine Zunge; ich machte eine wirre Bewegung mit dem Kopf.

»Für uns zwei einen Gin.«

»Mit Soda?«

»Ja, mit Soda.«

Der Kellner ging zur Theke. Er sagte:

»Drei Gins und du weißt schon ...«

Der Kellner machte eine betont wirre Bewegung mit dem Kopf. Meine Ohren wurden rot und mit den Fingern zog ich ein paar Linien auf der Tischdecke nach. Jeder von uns war wie erstarrt.

>*... entorna tus ojos ...*«

Der Klavierspieler traktierte die Tasten – es bewegten sich nur die Hände und Schultern, der Kopf blieb steif, ausdruckslos, halluziniert – er spielte seine Rolle gut.

Unter dem hellvioletten Licht des Raumes glitzerten die Eiswürfel im Gin. Auf der Tischdecke hob sich der Bon weiß ab, in bläulicher Tinte stand geschrieben:

Bar Bruselas. Cuatro gin. 12 pts. 27 jul. 38.

»Ramona … «

Auf einer Bank bei der Bar tranken drei Frauen Orange Crush durch den Strohhalm und unterhielten sich lustlos und angestrengt. Desinteresse vortäuschend, aber offenbar unfreiwillig, schauten sie sich um.

»Du, das sind die Internationalen. Wenn's dich juckt, musst du nur sagen. Dort ist die Tür.«

»Sind sie teuer?«

»Fünfzig.«

Ich pfiff, etwas zu laut, sodass die Frauen an der Bar und eine andere, blonde, im grünen Kleid, eine Italienerin, die auf einem Sofa ein wenig abseits saß, aufschauten, und ich spürte, wie ich rot wurde. Ich trank an meinem Gin und fand, dass der Ort nur so barst vor Leuten und riesigen Schmetterlingen.

»Fünfzig Peseten sind eine Menge Holz, du.«

Von der Straße beugten sich zwei Italiener in schwerer Uniform zu Tür herunter, um reinzuschauen, wahre Riesen, wie Pioniere.

Der Typ mit den schwarzen Tupfen auf der Sahara-Jacke breitete die Arme übertrieben weit aus und die Leute an den Tischen applaudierten mäßig und unbeteiligt, als klatschten sie, um einen Vermouth zu bestellen.

Die italienischen Soldaten blickten sich mit einer unendlich idiotischen Rührung an. Der Typ mit den schwarzen Tupfen auf seiner Sahara-Jacke steuerte auf die Theke zu. Er packte eine der Frauen, die Miquel Colombàs eine »Internationale« nannte, bei der Taille. Die Brünette im schwarzen Kleid, die von dem Typen mit den Tupfen ignoriert wurde, verzog ihr Gesicht und hampelte herum, mit einem Gesicht, als wäre ihr das Lachen heruntergefallen, so, wie Laub von den Bäumen, vergebens wären alle Hoffnung und schönen Worte, die Dichter in *Rhetorik und Poetik* so von sich geben.

Die blonde Italienerin in dem grünen Kleid blies, ein Bein über das andere geschlagen, Zigarettenqualm durch die Nase, ganz langsam und gelangweilt. Sie, die Italienerin, war ziemlich hübsch.

»Rocío, ay mi Rocío … «

Während der Tupfentyp die beiden Frauen von der Bar betatschte und die Hüften nach einer Rumba schwang, attackierte der Pianist das Klavier. Die Leute an den Tischen schauten auf, weil ihnen die Melodie gefiel. Sie hofften nur, dass der Typ mit den schwarzen Tupfen auf der Sahara-Jacke ihre hauchzarte Aufmerksamkeit nicht zerreißen würde. In Cabarets mit Gesang werden die Leute manchmal seriös. Als könnten sie einen reinlichen Sturm von einem reinigenden, ja kristallinen Sturm unterscheiden, der zwischen den verrosteten Dosen heruntergekommener

Stadtviertel, zwischen toten Hunden und Katzen, zwischen Disteln, Kletten, Fusseln das Gras sprießen lässt.

»... que al pensar en tu querer voy a per der el sentío ...«

»Wenn dir die da gefällt, du ...«

Miquel Colombàs deutete mit einer Kopfbewegung auf die Frau im schwarzen Kleid, die an der Bar stand.
»Geh hin. Da.«
Miquel Colombàs deutete auf die Tür mit einem grünen Vorhang, der zur Hälfte zurückgezogen war.
»Wir warten auf dich im *Moka.* Oder auf den Bänken an der Promenade. Wir laufen jeden Abend zu den Bänken an der Promenade hin.«
Miquel Colombàs zeigte eine beinahe väterliche Fürsorge. Ich weiß nicht warum. Solche Gründe sind oft dunkel, wie das Fell der Wölfe, wie die kristalline Tiefe des Meeres. Ich weiß nicht, wozu das nötig war. Vielleicht hoffte er, dass ich es ihm danach anschaulicher schilderte, was geschehen war, er es sich so genauer vorstellen könnte, was ich ihm zu berichten hätte – mit zittriger Stimme.
»Solche Dinge haben ihre eigenen Regeln. Ich bin jedenfalls nicht in der Lage, so etwas hier unter all den Leuten zu verhandeln. Zu so etwas bin ich nicht geeignet, verstehst du. Ihr seid schon länger damit unterwegs.«
Magí Escales gab der Frau im schwarzen Kleid ein Zeichen. Sie war jung, hatte ein langes, ovales Gesicht und war lang wie eine Laterne, sodass ich Lust hatte, zu lachen, und

zugleich so viel Schiss bekam, als blieben mir in einem Alb-
traum nur noch fünf Minuten bis zur Erschießung.

»Ja?«

Die Wände des Cabarets waren munter bemalt, mit gelber Farbe, ein paar Seepferdchen und allerlei kindlichen,
aggressiven und fröhlichen Kritzeleien, in Rot, in Grün.

»Es geht um ihn.«

Der Pianist hämmerte – pam, pam-pam, pam, pam, pam,
pam, pam-pam – die letzten Takte von …

»Wie heißt du?«

»Andreu. Und du?«

»Mari Carmen.«

»*Bandoneón arrabalero* … «

Der Pianist begann das dritte Lied. Das dritte Lied, seit wir
gekommen waren.

Hinter der Bar zischte die Kaffeemaschine den notorischen Dampf in die gläsernen Tassen mit gelber Aufschrift:
Bruselas.

Ich trank den letzten Schluck Gin aus dem Glas und
machte den Mund weit auf, um den Eiswürfel zu erwischen. Inmitten dieser vom Gehämmer des Pianisten er-
zitternden Tristesse fühlte ich mich einen Augenblick lang
wie ein Kind, übersehen und glücklich, als die Kälte des
Eiswürfels mir einen köstlichen Schmerz an den Zähnen
und am Gaumen verursachte.

Wie damals, als ich ein Knirps war – immer war ich ein
Knirps – und zur Fischhandlung lief und Llorenç Crous da
war und die Eisbarren mit dem Pickel in Stücke schlug und

ich die Splitter aufsammelte, die danebenfielen, und ihre Kälte im Mund aushielt.

Von der Kommode aus erhellte eine Lampe mit vergoldetem Fuß die Wände des Zimmers, in dem an der Rückseite ein Bett im kolonialen Stil stand. Vor dem Fenster – das Fenster und die Silhouette der Berge im Hintergrund – hing eine Gardine, rot wie der Bettüberwurf, der wie Mari Carmens Rock Falten warf. Auf der Glasplatte der Kommode stand ein Strauß mit Ringelblumen in einem gelben, glanzlosen Krug. Beim Fußende des Bettes, auf einem Teppich, streckten zwei Giraffen ihren Hals vor einem Baum hoch, in dessen Krone ein grüner Papagei saß.

Sämtliche Kleidungsstücke von Mari Carmen hingen über der Lehne eines Stuhls. Meine über dem Kleiderbügel, mit den herunterbaumelnden Hosenbeinen und der Gürtelschnalle, die funkelnd an einer Seite herabhing.

»Du bist ziemlich groß, du.«

Mari Carmens Haare fielen zu einer Seite, sie fasste mit der Hand nach ihnen. Sie bewegte ihre weißen Zehen, ein ganz anderes Weiß hatten ihre Füße, anders als das Weiß des Lakens, ein Weiß mehr wie jenes, das man sich überzieht und dessen man sich entkleidet.

»Du bist auch ziemlich groß.«

Mari Carmen drehte mir den Rücken zu, mit geschlossenen Augen, beide Hände unter dem Hals, wie alleinstehende, einfalls- und ausweglose Männer es manchmal tun, deren einziges Vergnügen es ist, einen Sonnenstrahl auf dem Körper zu spüren, als wäre er ein Lebenszeichen, wie ein grüner Fleck auf einem Felsen.

»Bist du zwanzig?«

Ich kniete mit einem Bein auf dem Bett und drückte mit den Händen ihre schwitzigen Schultern runter.

»Ich bin erst fünfzehn. Ich wollte mich freiwillig bei den Luftstreitkräften melden. Um Barcelona zu bombardieren.«

Mir zitterte die Stimme, wie dem Vieh am Abend.

»Mari Carmen, ich liebe dich, ich liebe dich sehr. Ich liebe dich sehr, Mari Carmen.«

Mit einem Knie auf dem Bett drückte ich beidhändig ihre Schultern runter und Mari Carmen – die ausgestreckt da lag – schaute mich finster und neblig an, mit ihren auseinanderstehenden Augen, mit ihren ausgebreiteten Armen und all ihren Schuldgefühlen, die zu ihrer Schönheit passten.

»Sei still!«

Ab hier verhärteten sich ihre Gesichtszüge, bis ihre Gesichtsknochen erkennbar wurden:

»Du kannst hierbleiben, hörst du. Ohne zu reden. Danach haust du ab und wirst mich vergessen, klar! Und ich werde mit deinen Worten, als wären sie der Teufel, zurückbleiben.«

Am nächsten Tag kehrte ich in mein Dorf zurück – die Haut im Gesicht fühlte sich spröde an –, ich dachte über mich nach und an die Passion Christi, wie ich sie als kleiner Junge erlebte, und an den dunkelvioletten Vorhang im Beichtstuhl.

Der Zug hielt am Bahnhof meines Dorfes. Die Schienen waren ölverschmiert und staubig von der Kohle. Milizionäre stoppten die Autos am Ortseingang, der gelbe Alant wog hin und her und spross entlang den Schienen, entlang der rußgeschwärzten Garagenwand, wie der Alant, der jetzt, hier unter dieser brennenden Sonne …

＊

Ich sagte zu Jordi Mercader: Im Bett habe ich über die Lösung nachgedacht. Jordi wusste nicht, dass dies die Lösung war:

Mein Vater wusste nicht, dass ich ihn im Eichenwald von Jeroni Estrada versteckt hinter den Häusern beobachtet habe.

Nie wird er erfahren, dass ich ihn an jenem Abend ausgespäht habe.

An diesem besagten Abend saß er in der Küche auf einem niedrigen Schemel und zog mit einem Stock Linien in die glimmende Asche, als warte er darauf, dass über dem Hain mit Jeroni Estradas Steineichen die Sonne unterging.

Eine rote Tarantel könnte auf seiner Stirn gesessen haben. Der Lichtschein in der Küche besaß etwas von der Farbe der Greixonera, die im Waschbecken stand, es schien jedenfalls so. Ebenfalls schien es, als patrouillierte die Guardia Civil durch unsere Straße, denn die Burschen unterbrachen ihr Fußballspiel und verharrten still auf dem Gehweg und verbargen den Ball zwischen Rücken und Häuserwand, als die zwei vorbeigingen.

Der Haushalt war schmutzig – Mutter war in die Taverne von Julià Escóbar gelaufen und betrank sich mit Anisschnaps, der Anisschnaps kroch in ihre Knochen, wie auch die Kälte und die Harnsäure in sie krochen.

Wenn wir in ihrem Schädel nicht existierten, nicht in ihrem Mund, weder zwischen ihren Brüsten noch unter ihrer linken Brust, dann verdankten wir das dem Anisschnaps in Julià Escóbars Taverne. Mutter war dem Anisschnaps in Julià Escóbars Taverne verfallen, als lebte sie in einer amourösen Beziehung gegen Gott. Vaters Gesicht errötete bis an den Haaransatz, er weinte in der Scheune, wenn er Gelada zu fressen gab. Mit menschlichster Ergriffenheit warf er den Hafer in die Krippe, wofür Gelada sich auf ihre Art bedankte, mit wackelnden Ohren – in der Hitze des Stalls.

Das Feuer brannte auf dem Boden, unter der Esse. Kartoffelschalen von einer ganzen Woche lagen neben dem Glutnest, die schwärzesten Blätter vom Kohl, Eierschalen, die Petroleumflasche und die grotesken Töpfe mit der angesetzten Milch, weil Mutter nicht saubermachte, bevor nicht alles verdreckt war, und eigentlich, was geht es einen an, ein Mann mischt sich da nicht ein, aber alles, weil sie dem Anisschnaps in Julià Escóbar Taverne verfallen war. Durch das kleine und schmutzige Fenster sah ich das abnehmende Licht der Dämmerung, das manchmal wie die Hoffnung im Innern der Menschen abnimmt.

Ich sagte mir: »Gerade müsste über dem Hain mit Jeroni Estradas Steineichen die Sonne untergehen.« Jeroni Estradas Steineichenhain ist der dunkelste und üppigste des ganzen Dorfes. Im Hain von Jeroni Estrada stehen achtzehn saftgrüne Erlen wie aufgeschnürt, die im Dunkel des Hains an einen grünen Fluss erinnern.

Ich wiederholte: »Jetzt müsste über dem Hain mit Jeroni Estradas Steineichen die Sonne untergegangen sein.« Also stapft Jeroni Estrada durch seinen Hain, die Mütze bis zu den Ohren heruntergezogen, mit seinem schwabbeligen

Gesicht und Achttagebart, den Karabiner geschultert, den doppelten Lauf nach unten und der Kolben aus Eichenholz, der ihm – pam! – gegen die Schulter schlägt. Mit dem Karabiner zwischen den Beinen im Hühnerstall aus Pinienholz hockend – die Zähne schwarz, die Pfeife schwarz und der Tabak schwarz – bewacht Jeroni Estrada ein geheimes Depot, eine schmale Höhle mit Schmugglergut, Zucker, Kaffee, Tabak in Säcken und Kisten, bis oben hin gestapelt, auf denen auf Englisch mysteriöses und todbringendes Zeug geschrieben steht, so furchteinflößend wie die Sünden, die ein alter Depp einem der Jungen erzählt, die auf der Straße die spanischen Flüsse heruntersingen.

»Andreu.«

»Ja?«

»Wenn der Milchwagen kommt, bring du die Kannen raus, ja. Der Lastwagen kommt um acht. Ramon Aguirre wird dreimal hupen. Du weißt das längst. Du musst die Liter notieren. Auf die Rückseite vom Kalender.«

»Mache ich.«

»Die Nacht ist kühl.«

»Kühl, ja.«

»Kein Mond zu sehen.«

»Ja.«

»Wir brauchen ihn nicht.«

»Ich nicht. Jeder weiß, was einen satt macht.«

Im Dunst der Küche gärte eine Vorahnung, wie eine wartende Spinne.

»Was hast du gesagt?«

»Ich sagte, dass der Kalender schon vollgeschrieben sein muss – bei der vielen Milch.«

»Ah!«

»Es sieht so aus, als würde Wind aufkommen.«

»Ja.«

»Mist, wenn man in so einer Nacht in einem Wald hockt.«

»Ja, Mist.«

»Bei dem Wind kann man seine eigenen Schritte nicht hören.«

»Genau.«

»Oder ob ihm jemand folgt oder stoppt.«

»Genau.«

»Und Mutter?«

»Läuft wahrscheinlich betrunken durchs Dorf.«

»Halts Maul!«

»Zur Taverne von Julià Escóbar … eine Heruntergekommene ist sie.«

»Schweig!«

»Und du, du bist kein Mann, ein Garnichts bist du, als würde dich der Anis auch zerfressen.«

Als es Nacht wurde auf den schwarzen Toren des Pferchs, ging Vater hinaus auf die Felder, um Jeroni Estrada zu töten und ihm die Kisten mit Schmuggelgut zu stehlen, die sich in der Höhle unter dem Eichenwald stapelten. Hinter dem Haus begann ein Trampelpfad; eine holprige Gasse zwischen zwei hohen, von Gestrüpp überwucherten Mauern, die zu den Steineichen von Jeroni Estrada führte. Ich hatte die Abkürzung oft genommen und wusste, dass Vater binnen einer Viertelstunde am Rande des Hains stehen würde. Ich ging auf mein Zimmer, um mich umzuziehen. Wäsche für jeden Tag war auf das Bett geworfen; auf ein ewig ungemachtes und schmutziges Bett, was wir dem Anisschnaps in Julià Escóbars Taverne zu verdanken hatten.

Als ich zum Feld kam, hatte sich der Wind gelegt und der Himmel war aufgeklart – mit Sternen, groß wie Fäuste.

»Und du, du bist kein Mann, ein Garnichts bist du, als würde dich der Anis auch zerfressen.«

Die Kröten wiederholten in den Schilfteichen ihren immerwährenden einzigen und bestialischen Ruf der Nacht.

Vater dürfte jetzt an Colombàs Feldern vorbeikommen, mit dem Ziegenschächter in der Hosentasche, oder in der Jackentasche, oder, wer weiß, in der Hand – er spürt den Griff aus Knochen und – bam, bam, bam – das Blut pulsiert, als liefe er zur schändlichen Magdalena. Ich weiß noch, als er in das Haus der schändlichen Magdalena ging, am nächsten Tag konnte er sich am Tisch kaum aufrechthalten und pennte in Bernat Olivers Baumwollfeldern. Irgendwann sagte ihm Bernat Oliver, er solle seine Felder nicht wieder betreten.

Die Schafe blökten in Colombàs Ställen; die Böcke obszöner; die Einjährigen weniger, wie rissige Mädchenstimmen, wenn der anbrechende Frühling ihnen den Appetit vertreibt. Durch die Bretterwände drang der Geruch nach Wolle und Mägen an die früchtetreibende Luft.

Wenn man Colombàs Ställe hinter sich gelassen hatte, sah man bald drei Eichen.

Unter den drei Eichen stehend sah man den Hühnerstall von Jeroni Estrada als schwarzen Fleck. Von den drei Eichen war es nur ein Steinwurf weit bis zu Jeroni Estradas Hühnerstall, so weit, wie die Apostel in Getsemani von unserem Herrn Jesu Christi entfernt waren. (Ich erdenke mir manchmal seltsame Vergleiche, wie den um Damià Faura, unseren offiziellen Dorftrottel, der sich die Zunge seines Hundes in den Mund steckt.)

Von den drei Eichen aus hörte man, wie der Ziegenschächter in Jeroni Estradas Leber eindrang. Jeroni Estradas Stimme war bei den drei Eichen zu hören: »Wir waren in derselben Quinta, man sandte uns gemeinsam nach Afrika, wir waren beide Hornisten, Ramallo.« Der kurze Horror und die Geschicklichkeit meines Vaters schallten bis zu den drei Eichen: Weil Jeroni Estrada nicht sterben wollte und weil es ihn erweichte, ihn reden zu hören, rammte mein Vater ihm den Ziegenschächter noch achtmal rein. Die Stiche in die Erde, mit denen mein Vater die Erde aufbrach, hallten zu den drei Eichen. Vater wollte eine Grube für Jeroni Estrada graben. Die Eichen rauschten zweideutig, grün und fröhlich, als Vater Jeroni Estrada in die Grube warf und Jeroni Estrada dieses Bums auf der lockeren Erde machte, als er der Länge nach in die Grube fiel, ein Geräusch wie Heuballen, die man vom Pritschenwagen in den Straßengraben wirft.

»Andreu.«

»Ja?«

»Falls Rafel Santos …«

»Ja.«

»Falls Rafel Santos zu Hause ist, sag ihm, dass er heute kommen kann. Er weiß schon wann.«

»Klar.«

»Mit beiden Lastwagen. Einer reicht nicht.«

»Nein.«
»Was hast du?«
»Ich – nichts.«

Er schaute mich an. Mit seinen roten, hölzernen Augen. Mit seinem Gesicht aus Eichenholz. Und kurz hatte ich Angst, er könnte sich zu mir umdrehen, mir sagen, dass meine Knochen wohl auch vom Anis zerfressen seien.

Bodega

Spanien hält wie jedes alte und gute Land am Regionalismus fest; es besteht tausendundein Unterschied zwischen Valencia und Asturien, Aragon und der Estremadura; ja selbst die Natur hat sich diesem lokalen Enthusiasmus angeschlossen und bringt in jeder Provinz einen anderen Wein hervor. Wisset, daß die kastilischen Weine den Mut anstacheln, während die Weine aus der Provinz Granada eine schwere und ernste Trauer hervorrufen und die andalusischen Weine angenehme und freundliche Gefühle erregen. Die Weine aus Rio erquicken den Geist, die katalanischen Weine verleihen Zungenfertigkeit, und die Weine aus Valencia gehen zu Herzen.

Wisset weiter, daß der *Jerez*, der statt des Gin getrunken wird, nicht dem gesüßten Xerez gleicht, den man bei uns trinkt; er ist hell, ein wenig säuerlich-bitter, weich wie Öl und dabei wunderbar, denn es ist ein Wein von der Küste. Der braune *Málaga* ist dickflüssig und klebrig wie duftender Honig, in dem feurige Glut schmilzt. Und dann gibt es den sogenannten *Manzanilla* aus San Lucar; wie sein Name bezeugt, ist es ein junges und fülliges, weltliches und joviales Weinchen; nachdem ihr euch mit Manzanilla einen angetrunken habt, segelt ihr leicht wie ein Boot in gutem Wind dahin.

Wisset, daß jede Provinz andere Fische und Käsesorten, andere Salamis und Würste, Bohnen und Melonen, Oliven und Trauben, Süßigkeiten und andere örtliche Gaben Gottes hat. Darum sagen die alten und glaubwürdigen Autoren, daß das Reisen bildet, und jeder Reisende, der Bildung in fernen Ländern sucht, wird bestätigen, daß ein gutes Wirtshaus dafür sehr wesentlich und dabei rar ist. Es gibt keine asturischen Könige mehr, aber der asturische Räucherkäse existiert noch immer; die schönen Tage von Aranjuez sind vorüber, aber die Erdbeeren aus Aranjuez erfreuen sich noch immer ihrer historischen Berühmtheit.

Werdet weder Schlemmer noch Vielfraße; eure Speisen seien eine Verehrung der Götter der Zeit und des Ortes. Ich hätte mir gewünscht, Kaviar in Rußland und englischen Speck in England zu essen, aber statt dessen fütterte man mich mit Kaviar in England und mit englischem Speck in Spanien. Patrioten aller Länder, man hat sich gegen uns verschworen; weder das internationale Kapital noch die vierte Internationale bedrohen uns in dem Maße wie der internationale Hotelier. Ich beschwöre euch, *Caballeros*, kämpfen wir gegen ihr Komplott, indem wir verschiedene heilige und althergebrachte Kriegsschreie ausstoßen wie *Chorizo, eine Schande ist das, Kalbshaxen, à la lanterne, Maccheroni, Porridge, Camembert, Pereat, Manzanilla* und anderes mehr, je nach Ort und Kampfeslust.

Exil in Palma

Schließlich kam der Frühling und wir waren bereit ein wenig zu verreisen. Unser Freund William Cook war nachdem er eine Weile im amerikanischen Hospital französische Verwundete gepflegt hatte wieder nach Palma de Mallorca gegangen. Cook der seinen Lebensunterhalt immer mit Malen verdient hatte kam nur schwer zurecht und er hatte sich nach Palma zurückgezogen wo man in jenen Tagen als der spanische Wechselkurs sehr niedrig war von ein paar Francs täglich bestens leben konnte.

Wir beschlossen ebenfalls nach Palma zu reisen und den Krieg ein wenig zu vergessen. Wir hatten nur die provisorischen Pässe die man uns in London ausgestellt hatte deshalb gingen wir zur Botschaft um ständige zu bekommen mit denen wir nach Spanien reisen konnten. Wir wurden zunächst von einem liebenswürdigen alten Herrn befragt der ganz offensichtlich nicht in diplomatischem Dienst stand. Unmöglich, sagte er, warum auch, sagte er, sehen Sie mich an, ich lebe schon seit vierzig Jahren in Paris und stamme aus einer alten amerikanischen Familie und ich habe keinen Paß. Nein, sagte er, Sie können einen Paß bekommen um nach Amerika zu fahren oder Sie können in Frankreich bleiben ohne Paß. Gertrude Stein bestand darauf einen der Botschaftssekretäre zu sprechen. Wir sprachen mit einem rotgesichtigen mit rötlichem Haar. Er sagte uns genau dasselbe. Gertrude Stein hörte schweigend zu. Sie sagte dann, aber so und so der in derselben Lage ist wie ich, ein gebürtiger Amerikaner, der genauso lange in Europa gelebt hat, Schriftsteller ist und momentan nicht nach Amerika zurückzugehen gedenkt, hat soeben von Ihrer Stelle einen Paß erhalten. Ich denke, sagte der junge Mann mit noch geröteterem Gesicht, da muß ein Irrtum vorliegen. Das läßt sich, erwiderte Gertrude Stein, ganz einfach überprüfen indem Sie in Ihren Akten nachsehen. Er verschwand und kam kurz darauf wieder und sagte, ja Sie haben vollkommen recht aber wissen Sie es war ein ganz besonderer Fall. Es darf, sagte Gertrude Stein streng, keinem Amerikaner ein Privileg erteilt werden das nicht, unter denselben Voraussetzungen, jedem anderen amerikanischen Bürger auch gewährt wird. Er verschwand wieder und kam zurück und sagte, ja ja befassen wir uns also mit den Präliminarien. Er erklärte uns dann sie hätten Anweisung so wenig Pässe wie möglich auszustellen wenn aber jemand wirklich einen wolle dann sei das natürlich ganz in Ordnung. Wir erhielten unsere in Rekordzeit.

Und wir gingen nach Palma in der Absicht nur ein paar Wochen dort zu verbringen doch wir blieben den Winter über. Zuerst gingen wir nach Barcelona. Es war erstaunlich so viele Männer auf den Straßen zu sehen. Ich dachte nicht daß es noch so viele Männer auf der Welt geben würde. Das Auge hatte sich so sehr an männerlose Straßen gewöhnt, wobei die wenigen Männer die man sah Uniform trugen und also keine Männer sondern Soldaten waren, daß es verwunderlich war unzählige Männer die Ramblas auf und ab gehen zu sehen. Wir saßen am Hotelfenster und sahen hinaus. Ich ging früh zu Bett und stand früh auf und Gertrude Stein ging spät zu Bett und stand spät auf so daß wir einander gewissermaßen überlappten aber es gab nicht einen Augenblick in dem nicht unzählige Männer die Ramblas auf und ab gingen.

Wir trafen wieder einmal in Palma ein und Cook holte uns ab und regelte alles für uns. Auf William Cook war immer Verlaß. In jenen Tagen war er arm aber später als er Geld geerbt hatte und vermögend war und es Mildred Aldrich sehr schlecht erging und Gertrude Stein ihr nicht länger helfen konnte, gab William Cook ihr einen Blankoscheck und sagte, nimm davon soviel du für Mildred brauchst, du weißt wie gern meine Mutter ihre Bücher las.

William Cook verschwand oft und man hörte nichts von ihm und wenn man ihn dann aus irgendeinem Grunde brauchte war er da. Er trat später in die amerikanische Armee ein und damals machten Gertrude Stein und ich Kriegshilfsdienst für den American Fund for French Wounded und ich mußte sie oft sehr früh wecken. Sie und Cook pflegten einander die wehmütigsten Briefe zu schreiben über die Unannehmlichkeit plötzlich hereinbrechender Sonnenaufgänge. Sonnenaufgänge seien, behaupteten sie, in Ordnung solange man sich ihnen ganz allmählich aus der Nacht davor nähere, sobald man ihnen aber ganz unverhofft am selben Morgen gegenüberstehe seien sie gräßlich. William Cook war es auch der Gertrude Stein später beibrachte wie man Auto fährt indem er es ihr auf einem der alten Marne-Schlacht-Taxis beibrachte. Cook war als er in Geldnot war Taxifahrer in Paris geworden, und zwar neunzehnhundertsechzehn und Gertrude Stein sollte ein Auto fahren für den American Fund for French Wounded. An dunklen Abenden fuhren sie also über die Befestigungsmauern hinaus und die beiden saßen feierlich auf dem Fahrersitz eines jener alten Zweizylinder-Vorkriegs-Renault-Taxis, William Cook brachte Gertrude Stein das Autofahren bei. William Cook war es auch der Gertrude Stein zu dem einzigen Film inspirierte den sie je auf englisch schrieb, ich habe ihn soeben in *Operas and Plays* in der *Plain Edition* veröffentlicht. Zu dem einzigen anderen den sie je schrieb, ebenfalls in *Operas and Plays*, viele Jahre später und in Französisch, wurde sie von ihrem weißen Pudel Basket inspiriert.

Doch nun zurück zu Palma de Mallorca. Wir waren die beiden Sommer zuvor dort gewesen und es hatte uns gefallen und es gefiel uns wieder. Sehr vielen Amerikanern scheint es heute zu gefallen aber in jenen Tagen waren Cook und wir die einzigen Amerikaner die auf der Insel wohnten. Da waren ein paar Engländer, etwa drei Familien. Da war eine Nachfahrin von einem der Kapitäne Nelsons, eine Mrs. Penfold, eine scharfzüngige ältere Dame mit ihrem Mann. Sie war es die zu dem jungen Mark Gilbert, einem sechzehnjährigen Engländer mit pazifistischen Neigungen der beim Tee in ihrem Hause keinen Kuchen essen wollte, sagte, Mark du bist entweder alt genug um für dein Land zu kämpfen oder jung genug um Kuchen zu essen. Mark aß Kuchen.

Da waren mehrere französische Familien, der französische Konsul, Monsieur Marchand mit seiner reizenden italienischen Frau mit der wir uns bald sehr anfreundeten. Er hatte sich sehr über eine Geschichte amüsiert die wir ihm über Marokko erzählen mußten. Er gehörte zur französischen Residenz in Tanger als die Franzosen den damaligen Sultan von Marokko Moulay Hafid dazu bewegten abzudanken. Wir waren damals zehn Tage in Tanger gewesen, es war während jener ersten Spanienreise, als so vieles geschah was für Gertrude Stein von Bedeutung war.

Wir hatten uns einen Führer Mohammed genommen und Mohammed hatte uns in sein Herz geschlossen. Er wurde eher ein angenehmer Reisekamerad als ein Führer und wir pflegten lange Spaziergänge miteinander zu machen und er pflegte mit uns die wunderbar sauberen arabischen mittelständischen Häuser seiner Verwandten zu besuchen und dort Tee zu trinken. Wir genossen alles. Er sprach mit uns auch über Politik. Er war in Moulay Hafids Palast erzogen worden und er wußte alles was geschah. Er erzählte uns wieviel Geld genau Moulay Hafid nehmen würde um abzudanken und wann genau er dazu bereit sein würde. Wir mochten diese Geschichten so wie wir alle Geschichten Mohammeds mochten die immer damit endeten, und wenn Sie wiederkommen wird es Straßenbahnen geben und dann werden wir nicht laufen müssen und das wird schön sein. Später lasen wir in Spanien in den Zeitungen daß alles genauso gekommen war wie Mohammed es vorausgesagt hatte und wir schenkten dem nicht weiter Beachtung. Als wir einmal von unserer einzigen Reise nach Marokko berichteten erzählten wir Monsieur Marchand diese Geschichte. Er sagte, ja das ist Diplomatie, wahrscheinlich waren die einzigen Menschen in der Welt die keine Araber waren die erfuhren was die französische Regierung so dringend erfahren wollte Sie beide und Sie erfuhren es durch Zufall und für Sie war es nicht von Wichtigkeit.

Das Leben in Palma war angenehm und so beschlossen wir anstatt in jenem Sommer noch weiter herumzureisen uns in Palma niederzulassen. Wir ließen unser französisches Dienstmädchen Jeanne Poule kommen und mit Hilfe des Postboten fanden wir ein kleines Haus in der Calle de Dos de Mayo in Terreno, gleich außerhalb von Palma, und wir ließen uns nieder. Wir waren sehr zufrieden. Anstatt nur den Sommer zu verbringen blieben wir bis zum nächsten Frühling dort.

Wir waren eine Zeitlang Mitglieder der Mudie's Bibliothek in London gewesen und wo immer wir hinfuhren gelangten Bücher aus Mudie's Bibliothek zu uns. In jener Zeit las Gertrude Stein mir sämtliche Briefe Königin Victorias vor und sie selbst interessierte sich zunehmend für Autobiographien und Tagebücher von Missionaren. Es gab davon eine Menge in Mudie's Bibliothek und sie las sie alle.

Während dieses Aufenthaltes in Palma de Mallorca wurden die meisten Stücke die später in *Geography and Plays* veröffentlicht wurden geschrieben. Sie sagt immer daß eine bestimmte Landschaft zu Stücken anrege und die Gegend um Terreno tat dies zweifellos.

Wir hatten einen Hund, einen mallorquinischen Jagdhund, einen von jenen leicht verrückten Hunden, die im Mondlicht tanzen, gestreift, nicht alle einfarbig wie der spanische Jagdhund auf dem Kontinent. Wir nannten diesen Hund Polybe weil uns die mit Polybe signierten Artikel im *Figaro* so gefielen. Polybe sei, wie Monsieur Marchand sagte, wie ein Araber, *bon accueil à tout le monde et fidèle à personne*. Er hatte eine unverbesserliche Leidenschaft Kot zu fressen und nichts konnte ihn davon abhalten. Wir legten ihm einen Maulkorb an um zu sehen ob ihn das kurieren würde aber das russische Dienstmädchen des englischen Konsuls war darüber so entsetzt daß wir es aufgeben mußten. Dann fing er an Schafe zu belästigen. Wir fingen sogar an mit Cook über Polybe zu streiten. Cook hatte einen Foxterrier namens Marie-Rose und wir waren davon überzeugt daß Marie-Rose Polybe zu Untaten anstiftete und sich dann tugendsam zurückzog und ihn den Sündenbock sein ließ. Cook war davon überzeugt daß wir nicht wußten wie wir Polybe erziehen sollten. Polybe hatte einen netten Zug. Er saß auf einem Stuhl und schnupperte behutsam an einem großen Strauß Tuberosen mit denen ich immer eine Vase füllte mitten im Zimmer auf dem Fußboden. Er versuchte nie sie zu fressen, er schnupperte nur behutsam daran. Als wir verreisten ließen wir Polybe in der Obhut eines der Wachtmänner der alten Festung von Belvar. Als wir ihn eine Woche später wiedersahen kannte er weder uns noch seinen Namen. Polybe kommt in zahlreichen Stücken vor die Gertrude Stein damals schrieb.

Die Gefühle der Inselbewohner damals waren sehr gemischt was den Krieg betraf. Was sie am meisten beeindruckte war das viele Geld das er kostete. Sie konnten stundenlang darüber sprechen, wieviel er kostete pro Jahr, pro Monat, pro Woche, pro Tag, pro Stunde ja sogar pro Minute. Wir hörten sie an Sommerabenden, fünf Millionen Pesetas, eine Million Pesetas, zwei Millionen Pesetas, gute Nacht, gute Nacht, und wußten sie waren wieder einmal beschäftigt mit ihren endlosen Berechnungen der Kosten des Krieges. Da die meisten Männer sogar die der gehobenen Mittelschicht nur mit Mühe lasen, schrieben und zählten und die Frauen überhaupt nicht, kann man sich vorstellen was für ein faszinierendes und unerschöpfliches Thema die Kosten des Krieges waren.

Einer unserer Nachbarn hatte eine deutsche Gouvernante und jedesmal wenn es einen deutschen Sieg gab hängte sie eine deutsche Flagge hinaus. Wir reagierten so gut wir konnten, nur gab es leider gerade damals nicht viele alliierte Siege. Die unteren Schichten waren ganz auf seiten der Alliierten. Der Kellner im Hotel konnte es kaum erwarten daß Spanien auf seiten der Alliierten in den Krieg eintrat. Er war überzeugt daß die spanische Armee eine große Hilfe sein würde da sie länger und mit geringerem Proviant als jede andere Armee der Welt marschieren könne. Das Zimmermädchen im Hotel interessierte sich sehr für meine Strickereien für die Soldaten. Sie sagte, Madame strickt natürlich sehr langsam, wie alle Damen. Aber, sagte ich zuversichtlich, wenn ich jahrelang stricke kann ich dann nicht irgendwann schnell stricken, nicht so schnell wie Sie aber schnell. Nein, sagte sie entschieden, Damen stricken langsam. Tatsächlich strickte ich irgendwann sehr schnell und konnte sogar gleichzeitig lesen und schnell stricken.

Wir führten ein angenehmes Leben, wir gingen viel spazieren und aßen ausgesprochen gut, und wir wurden glänzend unterhalten von unserem bretonischen Dienstmädchen.

Sie war patriotisch und trug immer ein Trikoloreband um ihren Hut. Sie kam einmal ganz aufgeregt nach Hause. Sie hatte gerade ein anderes französisches Dienstmädchen getroffen und sie sagte, stellen Sie sich nur vor, Marie hat gerade erfahren daß ihr Bruder ertrunken ist und ein Zivilbegräbnis bekommen hat. Wie ist das geschehen, fragte ich auch sehr aufgeregt. Nun, sagte Jeanne, er war noch nicht einberufen worden. Es war eine große Ehre einen Bruder zu haben der ein Zivilbegräbnis bekam während des Krieges. Jedenfalls war es eine Seltenheit. Jeanne begnügte sich mit spanischen Zeitungen, sie konnte sie ohne Schwierigkeiten lesen, wie sie sagte, seien alle wichtigen Worte auf französisch.

Jeanne erzählte endlose Geschichten über das Leben in einem französischen Dorf und Gertrude konnte lange zuhören und ganz plötzlich konnte sie nicht länger zuhören.

Das Leben in Mallorca war angenehm bis der Angriff auf Verdun begann. Dann begannen wir alle sehr unglücklich zu sein. Wir versuchten einander zu trösten aber es war schwierig. Einer der Franzosen, ein Graveur der gelähmt war und trotz der Lähmung alle paar Monate versuchte den französischen Konsul dazu zu bewegen ihn zum Militär zuzulassen, pflegte zu sagen, wir sollten uns keine Sorgen machen wenn Verdun eingenommen würde, es sei kein Einfallstor nach Frankreich, es sei nur ein moralischer Sieg für die Deutschen. Aber wir waren alle furchtbar unglücklich. Ich war so zuversichtlich gewesen und mit einemmal hatte ich das ungute Gefühl als sei der Krieg aus meiner Kontrolle geraten.

Im Hafen von Palma war ein deutsches Schiff namens Fangturm das vor dem Krieg alles und jedes an sämtliche Häfen des Mittelmeers verkauft hatte und sogar noch weiter, vermutlich, denn es war ein sehr großer Dampfer. Er war in Palma vom Ausbruch des Krieges überrascht worden und hatte nie wieder ablegen können. Die meisten Offiziere und Matrosen waren nach Barcelona entkommen aber das große Schiff blieb im Hafen. Es sah sehr rostig und verwahrlost aus und lag direkt vor unseren Fenstern. Ganz plötzlich als der Angriff auf Verdun einsetzte, begannen sie die Fangturm anzustreichen. Man stelle sich unsere Gefühle vor. Wir waren alle ziemlich unglücklich und nun überkam uns Verzweiflung. Wir erzählten es dem französischen Konsul und er erzählte es uns und es war schrecklich. Tag für Tag wurden die Nachrichten schlimmer und eine ganze Seite der Fangturm war angestrichen und dann hörten sie mit dem Anstreichen auf. Sie wußten es vor uns. Verdun würde nicht eingenommen werden. Verdun war sicher. Die Deutschen hatten die Hoffnung aufgegeben es einzunehmen.

Als alles vorüber war wollte keiner von uns noch länger auf Mallorca bleiben, wir alle wollten nach Hause. Um diese Zeit verbrachten Cook und Gertrude Stein ihre ganze Zeit damit über Automobile zu sprechen. Keiner der beiden war je Auto gefahren aber sie interessierten sich immer mehr dafür. Cook begann sich auch zu fragen wie er seinen Lebensunterhalt verdienen könnte wenn er nach Paris käme. Sein winziges Einkommen reichte für Mallorca aber in Paris würde er davon nicht überleben können. Er dachte daran Kutscher für Felix Potins Lieferwagen zu werden, er sagte schließlich möge er Pferde doch lieber als Autos. Jedenfalls ging er zurück nach Paris und als wir dort ankamen, wir machten einen Umweg, über Madrid, fuhr er ein Pariser Taxi. Später wurde er Testfahrer für die Renault-

Werke und ich erinnere mich noch wie aufregend es war wenn er beschrieb wie der Wind seine Backen aufblies wenn er achtzig Kilometer die Stunde fuhr. Später dann trat er in die amerikanische Armee ein.

Wir fuhren über Madrid nach Hause. Dort hatten wir ein seltsames Erlebnis. Wir gingen zum amerikanischen Konsul um ein Visum für unseren Paß zu bekommen. Er war ein großer behäbiger schwammiger Mann und er hatte einen Philippino als Assistenten. Er musterte unsere Pässe, er taxierte sie, wog sie, musterte sie verkehrt herum und sagte schließlich er glaube sie seien in Ordnung aber wie könne er das wissen. Er fragte dann den Philippino was er denke. Der Philippino neigte offenbar zu derselben Ansicht daß der Konsul es nicht wissen könne. Ich will Ihnen sagen was Sie tun können, sagte er schmeichlerisch, Sie gehen zum französischen Konsul da Sie nach Frankreich fahren wollen und in Paris leben und wenn der französische Konsul sagt sie sind in Ordnung, nun dann wird der Konsul auch unterschreiben. Der Konsul nickte weise.

Wir waren wütend. Es war eine peinliche Situation daß ein französischer Konsul, nicht ein amerikanischer darüber entscheiden sollte ob amerikanische Pässe in Ordnung waren. Es blieb uns aber nichts anderes übrig also gingen wir zum französischen Konsul.

Als wir an die Reihe kamen nahm der betreffende Beamte unsere Pässe und blätterte sie durch und sagte zu Gertrude Stein, wann waren Sie zuletzt in Spanien. Sie überlegte, sie kann sich nie an etwas erinnern wenn jemand sie plötzlich fragt, und sie sagte sie erinnere sich nicht aber sie denke es sei dann und dann gewesen. Er sagte nein, und erwähnte ein anderes Jahr. Sie sagte vermutlich habe er recht. Dann fuhr er fort und gab sämtliche Daten ihrer diversen Reisen nach Spanien an und schließlich nannte er außerdem eine Reise als sie noch im College war als sie in Spanien war mit ihrem Bruder kurz nach dem Spanischen Krieg. Es war für mich in gewisser Weise ziemlich erschreckend daneben zu stehen aber Gertrude Stein und der Assistent des Konsuls schienen vollauf damit beschäftigt Daten festzustellen. Schließlich sagte er, wissen Sie ich war viele Jahre lang in der Kreditbriefabteilung des Crédit Lyonnais in Madrid und ich habe ein sehr gutes Gedächtnis und ich erinnere mich, natürlich ich erinnere mich sehr gut an Sie. Wir freuten uns alle sehr. Er unterschrieb die Pässe und sagte uns wir sollten zurückgehen und unserem Konsul sagen er soll es auch tun.

Damals waren wir wütend auf unseren Konsul aber jetzt frage ich mich ob es nicht eine Abmachung zwischen den beiden Büros gab daß der amerikanische Konsul keinen Paß für die Einreise nach Frankreich unterschreiben sollte bis nicht der französische Konsul entschieden hatte ob dessen Inhaber erwünscht war oder nicht.

Wir kehrten zurück in ein gänzlich anderes Paris. Es war nicht länger finster. Es war nicht länger leer. Dieses Mal ließen wir uns nicht nieder, wir beschlossen am Krieg teilzunehmen. Eines Tages gingen wir die Rue des Pyramides entlang und da war ein Ford der von einer jungen Amerikanerin rückwärts die Straße hinaufgefahren wurde und auf dem Wagen stand, American Fund for French Wounded. Da, sagte ich, das werden wir tun. Zumindest, sagte ich zu Gertrude Stein, wirst du den Wagen fahren und ich werde alles übrige tun. Wir gingen hinüber und sprachen mit der jungen Amerikanerin und erkundigten uns dann bei Mrs. Lathrop, der Leiterin der Organisation. Sie war begeistert, sie war immer begeistert und sie sagte, verschaffen Sie sich einen Wagen. Aber woher, fragten wir. Aus Amerika, sagte sie. Aber wie, sagten wir. Bitten Sie jemanden, sagte sie, und das tat Gertrude Stein, sie bat ihren Vetter und nach wenigen Monaten traf der Ford ein. In der Zwischenzeit hatte Cook ihr beigebracht sein Taxi zu chauffieren.

Wie ich schon sagte war es ein verändertes Paris. Alles war verändert, und alle waren heiter.

HANS RATH
Urlaub mit viel Geld

Wir verbringen die Ferien auf Mallorca. Wir verbringen die Ferien nämlich *immer* auf Mallorca. Das darf ich allerdings nicht laut sagen, sonst regt sich meine Frau auf. »Was redest du denn da schon wieder für einen Quatsch, Toni?! Wir waren doch schon ganz oft woanders. In Italien, beispielsweise. Oder in Frankreich.«

Das stimmt, ist allerdings eine Ewigkeit her. Seit dem Jahr vor der Geburt unserer Tochter Anna fahren wir nach Mallorca. Anna feiert im Herbst ihren achten Geburtstag. Also haben wir neun Sommer in Folge auf der beliebtesten Baleareninsel der Deutschen verbracht.

Immer am gleichen Ort Urlaub zu machen hat natürlich auch enorme Vorzüge. Wir wissen, woran wir sind. Wir kennen das Hotel, den Strand, das Essen, die Umgebung. Selbst das Wetter ist jedes Jahr gleich. Im Grunde müssten wir nicht mal mehr hinfliegen. Wir könnten uns auch daheim erholen und danach Bilder vom letzten oder vorletzten Urlaub anschauen.

Die Wahrheit ist aber, mir hängt Mallorca zum Hals raus. Zu gern würde ich meine Familie mit einem exotischen Luxusurlaub überraschen, doch leider fehlt mir dazu das nötige Kleingeld. Mein Bruder hat es Ende der Neunziger mit Aktien zu einem beträchtlichen Vermögen gebracht. Statt ihm unser Erspartes für Spekulationen zu überlassen, habe ich damals meinen Zeitschriftenhandel vergrößert. Im Zuge der wirtschaftlichen Flaute im Zeitungsgewerbe musste ich den Laden aber wieder verkleinern, und das Geld war futsch. Seitdem wird meine Frau nicht müde, mich daran zu erinnern, dass ich es mal besser meinem Bruder anvertraut hätte. Sie würde es wohl so ausdrücken: »Wir fahren nach Mallorca, weil mein Mann zu blöd ist, aus ein bisschen Geld viel Geld zu machen.«

Ferdinand Mokler kennt das Problem. Er leitet eine Bankfiliale in dem kleinen Moselstädtchen Spierspach. Die Spierspacher kämen auch nie auf die Idee, mit ihrem Ersparten an der Börse zu zocken.

»Wenn den Spierspacher die Abenteuerlust packt, dann trinkt er ein oder zwei Schoppen Moselwein und wartet, bis der Anfall vorbei ist«, erklärt Ferdinand und lacht über seinen gelungenen Witz.

Wir lernen ihn, seine Frau Inge und ihre siebenjährige Tochter Maria im Hotelbus kennen, weil Anna und Maria sich ihre iPods vorführen und dabei – was für eine Überraschung – die gemeinsame Liebe für Justin Bieber entdecken. Da sich auch meine Frau Uschi und Ferdinands Gattin Inge spontan sympathisch sind, sehe ich bereits vierzehn lange Tage mit dem Spierspacher Bankdirektor auf mich zukommen.

»Ihr könnt ja am Sportprogramm teilnehmen«, schlägt meine Frau wenig später vor und hüllt sich in ihren flauschigen Hotelbademantel, weil sie mit Inge zu einer Wellnessbehandlung verabredet ist. »Die machen hier Aquafitness für alle Altersklassen. Würde dir bestimmt auch guttun.«

»Ich hab keine Lust auf Aquafitness«, sage ich und über-höre geflissentlich, dass ich mit Mitte vierzig von meiner Frau in »alle Altersklassen« einsortiert werde.

»Ich muss los«, erwidert sie knapp. Es klingt wie: Du bist mir lästig.

Als ich wenig später auf der riesigen Hotelterrasse sitze, die nahtlos in den ebenso riesigen Speisesaal des Hotels übergeht, habe ich mich gegen Aquafitness und für einen Nachmittags-Sangria entschieden. Die Sonne scheint, ich habe einen hübschen Schattenplatz ergattert und kann obendrein drahtige Hundertjährige bei entwürdigender Wassergymnastik beobachten.

»Was dagegen?«, fragt Ferdinand, setzt sich, ohne meine Antwort abzuwarten, und bittet im nächsten Atemzug dar-um, ihn Ferdi zu rufen, zumal er mich auch Toni zu nennen gedenke. Er prostet mir zu, nimmt einen großen Schluck von seinem Bier und fläzt sich mit zufriedenem Gesicht in seinen Rattansessel. »So lässt's sich leben, was, Toni?«

Ich nicke zaghaft und nehme dann ebenfalls einen be-herzten Schluck von meinem Drink. Hat Uschi sich selbst zuzuschreiben, wenn ich schon am ersten Urlaubstag ange-trunken bin. Sie wollte ja unbedingt, dass ich was mit Ferdi unternehme.

»Tja, da sitzen wir nun«, sagt Ferdi und greift erneut nach seinem Bier.

Wir nicken beide, und es scheint, als würden wir unseren Gedanken nachhängen, aber in Wahrheit hat keiner von uns Lust, nach dem Leben des anderen zu fragen. Bleiernes Schweigen. Man hört lediglich die vom Pool herüberflat-ternden Kommandos der Aquafitnesslehrerin.

Plötzlich stutzt Ferdi, springt auf, bedeutet mir mit ausgestrecktem Zeigefinger, dass er gleich wieder da sein wird, und huscht ins Hotel.

Keine Minute später stellt er eine flache, grüne Pappschachtel auf den Tisch und verkündet leise triumphierend: »Wir könnten ja was spielen.«

Ich lege den Kopf schief und lese: Monopoly. Deutsche Version.

»Da geht es um schnöden Kapitalismus. Willst du dich damit etwa auch noch im Urlaub befassen?«, frage ich hinterhältig.

»Es ist ja nur ein Spiel«, entgegnet er mit zartem Hyänenlächeln. Meine Spitze hat er gar nicht bemerkt.

Ich vermute, dass er mich für einen leichten Gegner hält. Da irrt er sich allerdings. Ich nicke also freundlich. »Ach, warum eigentlich nicht? Spielen wir eine Runde.«

Ferdi öffnet die Schachtel.

»Ich glaub es ja nicht! Das ist 'ne uralte Version in D-Mark«, verkündet er überrascht, während er fahrig das in der Schachtel verstreute Spielgeld zusammenklaubt und sortiert. Wir einigen uns auf die offiziellen Regeln – im Zweifelsfall soll die Spielanleitung gelten – sowie ein Grundkapital von 30 000 Mark pro Spieler. Bester Laune bestellt Ferdi neue Drinks.

»Wie läuft das Geschäft mit Zeitschriften eigentlich so?«, will mein Gegenspieler dann doch noch rasch wissen.

»Blendend«, erwidere ich sarkastisch. »Seitdem fast alle Inhalte kostenlos im Netz verfügbar sind, haben sich die meisten Auflagen halbiert.«

»Na, das ist doch schön«, erwidert Ferdi geistesabwesend. Er hat nicht zugehört, weil er darüber nachdenkt, das Wasserwerk zu kaufen.

»Und wie läuft es im Bankgewerbe?«, frage ich.

»Ausgezeichnet«, sagt Ferdi und ist nun wieder im Hier und Jetzt. »Wir gehören ja zu den systemrelevanten Banken. *Too big to fail.* Die letzte Krise hätte uns eigentlich das Genick gebrochen, aber die Regierung ist ja freundlicherweise eingesprungen.« Wieder lächelt er sein Hyänenlächeln, tippt auf das Spielbrett und fügt hinzu: »Ich kauf das Wasserwerk.«

Erst mit einer Verzögerung von mehreren Sekunden verstehe ich, was Ferdi da gerade gesagt hat: dass er nämlich seinen Job als Spierspacher Bankdirektor meinen hartverdienten Steuergeldern verdankt. Für Ferdi offenbar eine Selbstverständlichkeit, denn da ist kein Anflug von Reue, kein leises Bedauern in seinem Gesicht zu lesen, sondern nur eine raumgreifende Zufriedenheit.

Er reicht mir die Würfel. »Du bist.«

Ich sehe ihn forschend an.

»Alles okay?«, will er wissen. »Hab ich irgendwas falsch gemacht?«

Ich schüttele den Kopf, lasse die Würfel rollen und nehme mir vor, Ferdi eine Lektion zu erteilen. Er soll mal erleben, wie es ist, wenn jemand die letzte Kohle aus einem rausschüttelt. Wer jedenfalls so leichtfertig mit öffentlichen Geldern umgeht, der muss wenigstens beim Monopoly bluten. Ich bestelle eine große Flasche Wasser, um einen klaren Kopf zu behalten, und rücke meinen Stuhl entschlossen näher ans Spielfeld.

Zwei Stunden später hat sich die Terrasse mit Hotelgästen

gefüllt, die vor dem Essen einen Aperitif nehmen und dabei den warmen Sommerabend genießen möchten. Ich merke plötzlich, dass ich gewaltigen Hunger habe, und hoffe, dass Uschi, Inge und die Kinder gleich auftauchen werden. Das Spiel neigt sich ohnehin dem Ende zu. Ich sitze vor einem beträchtlichen Spielgeldvermögen und ergötze mich daran, den gramgebeugten Ferdi zu beobachten. Seine Häuser und Grundstücke sind an die Bank verpfändet. Mit seinem einsamen Wasserwerk und kläglichen Nebeneinkünften, die ihm nur gelegentlich und nur mit Glück zufallen, rettet er sich zwar über die Runden, aber ich wette, dass er keine Viertelstunde mehr durchhält. Alles verläuft also ganz nach meinem Plan.

»Da seid ihr ja!«, höre ich Uschi sagen. Gerade hat sie mit Inge und den Kids im Schlepptau die Terrasse betreten. »Dann können wir ja jetzt alle essen gehen.«

»Gern«, erwidere ich und erhebe mich rasch.

Ferdi rührt sich nicht. »Aber wir sind doch hier noch gar nicht fertig«, sagt er mit vorwurfsvoller Stimme.

»Aber so gut wie«, entgegne ich, ein freundliches Siegerlächeln im Gesicht.

»Heißt das etwa, du willst aufgeben?«, fragt Ferdi mit ernster Miene.

Ich muss lachen. »Das Spiel ist entschieden, Ferdi. Und zwar zu *meinen* Gunsten.«

»Entschieden ist es, wenn einer der Spieler kein Geld mehr hat.« Er zeigt auf seine bescheidenen finanziellen Mittel. »Ich hab aber noch Geld.«

»Nun gib schon auf, Schatz!«, mischt Uschi sich ein. »Die Kinder haben Hunger. Und ich auch.«

Meine Frau – niemand versteht es wie sie, meine bereits errungenen Siege in Niederlagen zu verwandeln. Aber diesmal werde ich mir nicht die Butter vom Brot nehmen lassen.

Ich setze mich wieder hin. »Wir kommen in zehn Minuten nach.«

Uschi seufzt genervt, Inge zuckt mit den Schultern.

»Wir warten aber nicht mit dem Essen auf euch«, sagt Inge und schaut zu Ferdi, der unwirsch nickt, ohne vom Spielfeld hochzusehen.

Die vier verschwinden im Speisesaal. Kalt lächelnd rücke ich meinen Stuhl wieder ans Spielfeld. »Wer war dran?«

Eineinhalb Stunden später ist es dann so weit. Ferdi hat sich mit Händen und Füßen gewehrt, hat getrickst und getäuscht, was das Zeug hält. Aber ich habe trotzdem dafür gesorgt, dass er zuerst sein Wasserwerk verloren hat und mir nun sein allerletztes Geld über den Tisch schieben muss. Schluss. Aus. Vorbei. Nach den offiziellen Regeln ist er draußen. Sein verkniffenes Gesicht ist die schönste Belohnung, die ich mir wünschen kann.

»Hat Spaß gemacht«, heuchele ich.

»Ich brauche einen Kredit«, sagt Ferdi. Er klingt flehentlich.

»Nach den offiziellen Regeln gibt es keinen Kredit«, erkläre ich kühl.

»Ich kenne die offiziellen Regeln«, erwidert er leise.

Zum Glück unterbricht Uschi unser Gespräch, weshalb mir die Fortsetzung von Ferdis würdeloser Bettelei erspart bleibt.

»Hallo, Schatz! Entschuldige vielmals, aber das Spiel

hat doch ein bisschen länger gedauert«, komme ich Uschis Standpauke zuvor. Ich nehme meine Frau in den Arm und nicke dem düster dreinblickenden Ferdi aufmunternd zu. »Wir sehen uns.« Dann hauche ich meiner kritisch dreinblickenden Frau einen Kuss auf die Wange und sage: »Und wir beide trinken jetzt ein schönes Gläschen Champagner.«

Drei Tage lang wechselt Ferdi kein einziges Wort mit mir. Es sind glückliche, unbeschwerte Tage, obwohl es unter der Oberfläche merklich brodelt. Ferdi rächt sich für meine Kreditabsage, indem er seine reale finanzielle Überlegenheit ausspielt. Den Frauen lässt er flaschenweise Champagner zu ihren Wellnessbehandlungen servieren, und Anna und Maria hat er zuerst einen Surfkurs und dann mehrere Reitstunden bezahlt. Und sein Plan scheint aufzugehen. Uschi lobt Ferdis Großzügigkeit über den grünen Klee und hat mich nun schon mehrfach darauf angesprochen, ob ich ihm nicht endlich Kredit geben will. Es sei doch nur ein Spiel. Und man sei ja schließlich im Urlaub. Und überhaupt solle ich mich mal nicht so haben.

Am vierten Tag lasse ich mich dann doch breitschlagen und biete Ferdi eine Revanche an.

Als ich zu unserem angestammten Platz auf der Terrasse komme, erwartet mich eine Überraschung. Ferdi hat das Spiel offenbar so aufgebaut, wie wir es beendet haben. Allerdings ist die Bank nun mit frischem Geld versorgt, und zwar in diversen Währungen.

»Was hat das zu bedeuten?«, will ich wissen.

»Ich hab mir beim letzten Mal den Spielstand notiert. Und ich will keine Revanche«, antwortet Ferdi. »Ich will nur einen Kredit, um das Spiel doch noch rumzureißen.«

»Wo hast du das ganze Geld her?«

»Es gibt im Spieleschrank mehrere Monopoly-Spiele. Die hab ich alle geplündert.«

Ich betrachte ratlos die Scheine auf dem Spielfeld und frage mich, wie wir die ganze Valuta umrechnen sollen. Ferdi errät meine Gedanken. »Ich hab mir überlegt, dass wir komplett auf Euro umstellen. Es gilt immer der Nennwert des jeweiligen Scheines in Euro. Und ich hab auch die Häuser und Hotels aus den anderen Spielen geklaut. Damit es für dich nicht langweilig wird, kann man jetzt so viele Hotels auf ein Grundstück setzen, wie man will – mit dem Ergebnis, dass man entsprechend höhere Mieten erzielt.«

Obwohl ich Ferdis Ausführungen unter psychologischen Aspekten nicht unproblematisch finde, bin ich beeindruckt.

»Was ist mit Zinsen?«, will ich wissen.

Ferdi zieht einen Taschenrechner hervor, legt ihn neben das Spielbrett und richtet ihn liebevoll parallel zum Rand des Brettes aus. »Sechs Prozent – pro Stunde. Das Geld kommt in einen gesonderten Topf und wird nachher mit dem Faktor eins zu zehntausend in Drinks umgerechnet: Zehntausend Euro Zinsen von mir ergeben also einen Drink an dich.« Er grinst breit und fügt hinzu: »Oder eben umgekehrt.«

Ich nicke. »Klingt alles sehr vernünftig, lass uns anfangen.«

Diesmal brauche ich fast die ganze Nacht, um das auf dem Tisch befindliche Spielgeld in meinen Besitz zu bringen. Ich bin nun Eigentümer von ein paar Dutzend Hotels, außerdem kann ich mich der Zinsen wegen mehrere Tage auf Ferdis Kosten volllaufen lassen. Wichtiger ist mir aber, dass der Monopoly-Wahnsinn nun ein Ende hat und ich endlich meinen Urlaub genießen kann.

»Es ist nur ein Spiel«, sage ich versöhnlich. »Und die Zinsen-Drinks kannst du vergessen. Wir köpfen morgen eine Flasche Roten auf unser gemeinsames Wohl und genießen dann einfach unseren Urlaub. Und den Frauen sagen wir, dass die Partie unentschieden ausgegangen ist.«

»Das darf nicht sein«, flüstert Ferdi ins Halbdunkel, als ich mich erheben will, um mich zur verdienten Nachtruhe zu begeben. »So kann es einfach nicht enden.«

Er klingt besorgniserregend verzweifelt.

»Ferdi, lass gut sein«, bitte ich, aber da rollen ihm bereits Tränen über die Wangen, und er beginnt heftig zu schluchzen.

»Ich hab schon immer davon geträumt, Investmentbanker zu werden«, bringt er stockend hervor. »Den Job als Filialleiter hab ich doch nur, weil Inge unbedingt in ihrem beschissenen Heimatdorf bleiben wollte. Sonst wäre ich längst in Frankfurt. Oder vielleicht sogar in New York.«

Zärtlich streichelt er das Monopoly-Brett. »Verstehst du denn nicht, Toni? Das hier ist mein Leben. Wenn ich hier versage, dann muss ich annehmen, dass ich es da draußen auch niemals geschafft hätte.«

Da ich überzeugt davon bin, dass Ferdi lediglich zu viel getrunken hat, verspreche ich ihm einen neuen Kredit und den Fortgang der Partie am nächsten Tag. Mit Hilfe des Nachtportiers wird unser Spieltisch in einen sicheren Nebenraum gebracht. Wenn die mallorquinische Sonne aufgegangen ist, wird Ferdi sein nächtlicher Ausbruch zweifellos peinlich sein, und wir können die Sache endlich zu den Akten legen.

Es stellt sich heraus, dass Ferdi jedes Wort ernst gemeint hat. Wir spielen deshalb eine weitere Partie und dann noch eine. Dann noch eine und dann noch eine und so weiter. Während sich meine Familie prächtig amüsiert und einen wundervollen Urlaub verlebt – nicht zuletzt aufgrund Ferdis großzügiger Geschenke –, verbringe ich meine Nachmittage und den größten Teil meiner Nächte auf der Hotelterrasse mit einer schier endlosen Partie Monopoly. Meistens komme ich erst nachmittags aus dem Bett. Es bleiben mir dann nicht mehr als zwei Stunden Freizeit, die ich dösend unter einem Schirm verbringe, um der größten Hitze des Tages auszuweichen, bevor Ferdi mich zum Spieltisch schleift.

Obwohl die Situation für ihn immer aussichtsloser wird, will er schlicht nicht aufgeben. Das hat mich zuerst genervt und dann so mürbe gemacht, dass ich mit dem Saufen angefangen habe. Am Spielverlauf ändert das aber auch nichts. Im Grunde bin ich jetzt für Ferdi so etwas wie systemrelevant. *Too big to fail.* Am fünften Tag schuldet der Spierspacher Bankdirektor mir neunzig Millionen Euro Spielgeld, zwei Tage später sind es 1,4 Milliarden. Weitere zwei Tage später schuldet er mir 600 Milliarden, und drei Tage vor Urlaubsende sind es 1,1 Billionen Euro. Damit hätte ich nicht nur die letzte große Finanzkrise im Alleingang bekämpfen, sondern mir obendrein noch einen netten Abend machen können.

Das Durchschlagen der Grenze von einer Billion Euro

ist jedenfalls der Punkt, an dem ich endgültig die Nase voll habe. Ich bin bislang kaum am Meer gewesen, befinde mich auf dem besten Weg, Alkoholiker zu werden, und meine Haut ist so weiß, als hätte ich die vergangenen zehn Tage nicht auf einer Baleareninsel, sondern in einem fensterlosen Keller verbracht. Drei Tage dieses Urlaubs könnte ich noch genießen, ohne von einem wild gewordenen Banker zum Monopoly gezwungen zu werden, wenn ich nun entschlossen handele. Und ich bin fest entschlossen, genau das zu tun: Ich weigere mich schlicht, weiterzuspielen.

»Schade. Aber gut, da kann man nichts machen«, sagt Ferdi vermeintlich einsichtig, fügt aber hinzu: »Dann also nur noch dieses eine Spiel.«

»Nein, Ferdi! Es ist endgültig vorbei! Kein Spiel mehr! Nicht ein einziges!«

»Jetzt warte doch mal, Toni …«

»Nein! Ich will nichts hören«, unterbreche ich barsch.

»Aber es wären drei luxuriöse Urlaubstage für dich drin. Natürlich auch für deine Familie. Alles vom Feinsten. Nur First Class.«

Mein Zögern beweist ihm, dass ich nicht gänzlich uninteressiert bin.

»Und über das Spiel werde ich kein Wort mehr verlieren«, fügt er hinzu.

Ich seufze und nicke. »Gut. Ich höre.«

Sein Vorschlag lautet, ich soll ihm – garantiert letztmalig – 400 Milliarden Euro leihen. Dafür bekomme ich von Ferdi einen offiziellen Schuldschein über 1,5 Billionen Euro ausgehändigt. Gelingt es ihm nicht, das Spiel herumzureißen, kann ich meinen Schuldschein gegen drei luxuriöse Urlaubstage eintauschen. Ferdi bietet eine Segeltour, ein ausgedehntes Wellnessprogramm, ein Essen in einem formidablen Restaurant in Palma und noch einiges mehr, selbstverständlich alles komplett auf seine Kosten.

Eigentlich kann ich ein so großes Geschenk von einem offenbar unzurechnungsfähigen Bankdirektor nicht annehmen. Andererseits hat Ferdi mir den größten Teil meines Urlaubs versaut. Wenn er jetzt dafür sorgt, dass wenigstens die letzten drei Tage nett werden, dann scheint mir das nur gerecht zu sein. Ich bin also einverstanden.

Als wir uns zur letzten Schlacht treffen, ist es 14.23 Uhr. Ferdi überreicht mir den Schuldschein.

»Oh! Sieht ziemlich professionell aus«, bemerke ich anerkennend.

»Ist er auch«, erwidert Ferdi. »Ich hab in der Bank angerufen und mir einen Blankoschein faxen lassen. Soll ja alles seine Richtigkeit haben.«

Ich stecke den Schein weg und frage mich, ob Ferdi nicht sicherheitshalber doch mal einen Therapeuten aufsuchen sollte. Dann beginnen wir mit dem Spiel.

Mein Luxusurlaub beginnt quasi um 4.36 Uhr mallorquinischer Ortszeit. In genau diesem Moment muss Ferdi rund 22 Millionen Euro Miete für einen Besuch meiner riesigen Hotelsiedlung auf der Parkstraße hinblättern. Und er hat nicht mal mehr lächerliche fünfzehn Millionen auf der hohen Kante.

Im fahlen Mondlicht sehe ich Ferdis versteinert wirkende Silhouette.

»Jesus Christus!«, höre ich ihn flüstern. Und wieder: »Jesus Christus!«

Als ich mich erhebe, lehnt er sich schnaufend zurück und schaut schwermütig in den Sternenhimmel. »Lass mich noch eine Weile hier sitzen.«

Ich nicke, klopfe ihm im Vorbeigehen verständnisvoll und kumpelhaft auf die Schulter und merke, dass sich mein Mitleid in Grenzen hält.

Als ich am nächsten Morgen die Lobby betrete, um mit Ferdi das Programm für die kommenden drei Tage zu besprechen, drückt mir der Portier einen Zettel in die Hand und sagt: »Herr Mokler lässt Ihnen ausrichten, dass er bereits abgereist ist.«

Auf dem Stück Papier ist nur ein einziger Satz zu lesen: *Tut mir echt leid, Kumpel, aber ich hab einen dringenden Termin in Deutschland.*

Meine letzten drei Urlaubstage kann ich nur bedingt genießen, weil ich den Fehler gemacht habe, meiner Frau von Ferdis Schuldschein zu erzählen. Deshalb bin ich ihren spitzen Bemerkungen jetzt schutzlos ausgesetzt, zumal sich herausstellt, dass Ferdi den größten Teil der von ihm gebuchten Wellnesspakete, Reitstunden und Champagnergedecke auf *unser* Zimmer hat buchen lassen – sowie nebenbei auch sämtliche Mahlzeiten und Getränke, die wir beim Monopoly bestellt haben.

All das ist nun rund acht Monate her, und lediglich ein fast zur Hälfte abbezahlter Kleinkredit erinnerte mich noch an die Begegnung mit Ferdinand Mokler – bis vor zwei Wochen sein Gesicht plötzlich in den Wirtschaftsnachrichten auftauchte: »… hat ein Bankdirektor aus dem Moselstädtchen Spierspach der ‹SPORA Credit Group› durch hochspekulative Aktiengeschäfte einen Verlust von mehr als drei Milliarden Euro beigebracht ... «

Es waren die Spätnachrichten, und noch in der gleichen Nacht ging ich in meinen Laden, kopierte Ferdis Schuldschein und schickte ihn an die SPORA Credit Group. Dazu legte ich ein Schreiben, in dem ich ausgesucht höflich und wohl auch ein bisschen hämisch erklärte, dass der von Ferdinand Mokler verursachte Verlust wohl 1,5 Billionen Euro höher ausfallen werde als bislang angenommen. Die nächtliche Aktion war als Scherz gedacht, außerdem wollte ich mich an Ferdi rächen. Und ehrlich gesagt hatte ich auch ein paar Gläser Wein zu viel intus.

Vor rund einer Woche erhielt ich ein Schreiben der Anwälte der SPORA Group. Gegen Unterzeichnung einer 280-seitigen Verzichtserklärung sei man bereit, mir 150 Millionen Euro auf ein Konto meiner Wahl zu überweisen. Alternativ werde man mir für den Rest meines Lebens mit ständig neuen Klagen die Hölle heiß machen.

Ich habe kurz überlegt, und da ich ein umgänglicher Typ bin und Zocken mir überhaupt nicht liegt, habe ich die 150 Millionen akzeptiert.

Gestern ist das Geld tatsächlich bei mir eingegangen.

Heute Morgen habe ich dem Knast, in dem Ferdi einsitzt, anonym fünfzehn Monopoly-Deluxe-Ausgaben gespendet und danach für den ganzen Sommer eine Privatyacht vor Barbados gemietet. Meine Frau war zunächst bass erstaunt und dann ungewohnt freundlich und sehr anschmiegsam. Sie hat größtes Verständnis dafür, dass ich mal eine Auszeit brauche. Der letzte Urlaub sei ja schließlich ungeheuer stressig für mich gewesen.

In der Kartause von Valldemossa

Wir waren also allein auf Mallorca, so allein wie in der Wüste, und wenn wir uns im Kampf mit den *Affen* unseren täglichen Lebensbedarf gesichert hatten, setzten wir uns mit der ganzen Familie um den Ofen und amüsierten uns darüber. Aber mit fortschreitendem Winter lähmte die Traurigkeit in meiner Brust das Bemühen um Heiterkeit und Fröhlichkeit zunehmend. Der Zustand unseres Kranken verschlimmerte sich immer mehr, der Wind heulte in der Schlucht, der Regen klatschte an unsere Fenster, das Donnergrollen erschütterte unsere dicken Mauern und überdeckte düster das Lachen und Spielen der Kinder. Die Adler und Geier kamen, durch den Nebel geschützt, bis zum Granatapfelbaum vor meinem Fenster und fraßen unsere armen Spatzen. Das wütende Meer hielt die Boote im Hafen, wir fühlten uns wie Gefangene, weit weg von jeglicher praktischen Hilfe und wirklichen Zuneigung. Der Tod schien über unseren Köpfen zu schweben, um einen von uns auszuwählen, und wir waren ganz auf uns allein gestellt, ihm seine Beute streitig zu machen. Es gab im Gegenteil kein menschliches Wesen in unserer Reichweite, das nicht ihn am liebsten in sein Grab geschubst hätte, um die vermeintliche Gefahr durch seine Nachbarschaft zu bannen. Diese feindliche Haltung war furchtbar traurig. Aber wir fühlten uns stark genug und gaben einander die Pflege und Hingabe, den Beistand und die Zuneigung, die uns verweigert wurden; ich glaube sogar, dass solche Prüfungen das Herz größer und die Verbundenheit stärker werden lassen, da sich so viel Kraft aus dem Gefühl menschlicher Solidarität schöpfen lässt. Aber unsere Seelen litten darunter, inmitten von Lebewesen gelandet zu sein, die dieses Gefühl nicht verstanden und für die wir, obwohl sie keinerlei Mitleid uns gegenüber zeigten, unsererseits das tiefste Mitleid verspürten.

Zudem überkam mich tiefste Ratlosigkeit. Ich habe keinerlei wissenschaftliche Kenntnisse jeglicher Art, und ich hätte Ärztin sein müssen, eine sehr gute sogar, um die Krankheit zu heilen, für die alle Verantwortung auf meinen Schultern lastete.

Der Arzt, der uns aufsuchte und dessen Eifer und Kenntnis ich nicht in Zweifel ziehen möchte, irrte sich, so wie sich jeder noch so berühmte Arzt irren kann, was jeder ehrliche Wissenschaftler eingestehen wird. Die Bronchitis war einer Nervenentzündung gewichen, die mehrere Symptome einer Kehlkopfschwindsucht zeigte.

Der Arzt, dem diese Symptome nicht entgingen, aber nicht die Symptome der anderen Krankheit sah, die wiederum mir nicht entgingen, verordnete die gängigen Mittel zur Behandlung der Schwindsucht: Aderlass, Diät und Milchkost. All diese Dinge waren ganz und gar ungeeignet, und ein Aderlass wäre sogar tödlich gewesen. Der Kranke spürte das, und ich, die ich ohne medizinisches Wissen schon viele Kranke behandelt habe, hatte das gleiche Gefühl. Ich zitterte jedoch vor Angst, diesem vielleicht trügerischen Instinkt zu folgen und mich den Anweisungen eines Fachmanns zu widersetzen, und als ich sah, dass die Krankheit sich verschlimmerte, überkam mich ein Gefühl der Panik, was wohl jeder verstehen kann. Ein Aderlass würde ihn retten, sagte man mir, und wenn ich dies verweigerte, werde er sterben. Doch da war eine Stimme, die mir bis in den Schlaf folgte: Ein Aderlass würde ihn töten, und wenn du ihn davor bewahrst, wird er nicht sterben. Ich bin überzeugt, dass dies die Stimme der Vorsehung war, und heute, da unser Freund, der Schrecken der Mallorquiner, so wenig schwindsüchtig ist wie ich, danke ich dem Himmel, dass er mir nicht die Zuversicht nahm, die uns gerettet hat.

Auch die Diät war alles andere als heilsam. Als wir die schädliche Wirkung feststellten, versuchten wir, sie so wenig wie möglich anzuwenden, aber leider hatten wir nur die Wahl zwischen den scharfen Gewürzen des Landes und einer sehr frugalen Ernährung. Die Milchprodukte, deren schädliche Wirkung wir mit der Zeit erkannten, waren zum Glück auf Mallorca so rar, dass sie keinen Schaden anrichten konnten. Damals dachten wir noch, Milch könne Wunder vollbringen, und setzten alles dran, welche zu beschaffen. In diesen Bergen gibt es keine Kühe, und die Ziegenmilch, die wir kauften, tranken die Kinder, die sie uns bringen sollten, bereits unterwegs aus, und doch war der Krug bei seiner Ankunft voller als zuvor. Es war ein Wunder, das sich jeden Morgen ereignete, wenn der fromme Bote im Hof der Kartause neben dem Brunnen sein Gebet sprach. Wir setzten dem Wunder ein Ende, indem wir eine Ziege kauften. Es war das sanfteste und liebenswerteste Tier der Welt, eine kleine afrikanische Ziege mit kurzem gelbbraunem Fell, einem Kopf ohne Hörner, ausgeprägter Hakennase und Hängeohren. Diese Tiere unterscheiden sich sehr von denen bei uns. Sie haben das Fell eines Rehs und das Profil eines Schafs, aber nicht den schelmischen und eigensinnigen Ausdruck unserer verspielten Zicklein. Im Gegenteil, sie scheinen sehr melancholisch zu sein. Ein weiterer Unterschied zu unseren Ziegen besteht darin, dass sie sehr kleine Euter haben und nur sehr wenig Milch geben. Wenn sie voll ausgewachsen sind, hat die Milch einen bitteren, strengen Geschmack, den die Mallorquiner sehr schätzen, der uns aber eher abstößt.

Unsere Kartausen-Freundin war gerade zum ersten Mal trächtig; sie war noch keine zwei Jahre alt, und ihre Milch schmeckte köstlich, aber sie geizte sehr damit, vor allem wenn sie, da sie von ihrer Herde getrennt lebte, mit der sie normalerweise – nein, nicht herumsprang (dazu war sie zu ernst, zu mallorquinisch) –, auf den Gipfeln der Berge vor sich träumte, in eine Schwermut verfiel, die der unsrigen nicht unähnlich war. Dabei wuchsen im Innenhof schöne Gräser, und aromatische, einst von den Kartäusern angebaute Pflanzen gediehen in den Wasserrinnen unseres Gartens, aber nichts tröstete sie über ihre Gefangenschaft hinweg. Sehnsüchtig und untröstlich irrte sie durch das Kloster und stieß dabei Jammerlaute zum Steinerweichen aus. Wir gaben ihr ein dickes Schaf zur Gesellschaft, dessen weiße und dichte Wolle sechs Zoll lang war, eins dieser Schafe, die man bei uns nur noch in den Auslagen der Spielwarenhändler oder auf den Fächern unserer Großmütter sieht. Diese vortreffliche Gefährtin beruhigte sie ein wenig und gab uns selbst eine recht sahnige Milch. Aber obwohl sie gut genährt waren, gaben beide zusammen nur eine so geringe Menge Milch, dass uns ein Verdacht kam angesichts der häufigen Besuche, die Maria-Antonia, die *niña* und Catalina unseren Tieren abstatteten. Wir schlossen die Tiere daher in einem kleinen Hof am Fuß des Kirchturms ein und übernahmen das Melken selbst. Die leichte Milch, vermischt mit Mandeln, die meine Kinder und ich abwechselnd zerstießen, ergab ein gesundes und wohlschmeckendes Getränk. Etwas anderes hatten wir auch nicht. Alle Arzneien aus Palma waren ekelhaft schmutzig. Der schlecht raffinierte Zucker aus Spanien war schwarz, fettig und wirkte abführend für alle, die ihn nicht gewohnt waren.

Eines Tages glaubten wir uns schon gerettet, weil wir im Garten eines reichen Bauern Veilchen entdeckt hatten. Er erlaubte uns, sie zu sammeln, um daraus einen Tee zu brühen, aber als wir unseren Strauß zusammen hatten, ließ er uns einen Sou pro Veilchen zahlen, einen mallorquinischen Sou, der drei französische wert ist.

Neben dieser Hausarbeit war es notwendig, unsere Zimmer selbst zu fegen und unsere Betten selbst zu machen, wenn uns daran gelegen war, nachts schlafen zu können, denn das mallorquinische Dienstmädchen konnte nichts anrühren, ohne uns sofort enorm freigebig die gleichen Biester zu übertragen, die die Kinder zu ihrem großen Vergnügen auf dem Rücken eines gebratenen Huhns entdeckt hatten. So blieben uns gerade noch ein paar Stunden am Tag, um zu arbeiten und spazieren zu gehen, aber diese Stunden waren ausgefüllt. Die Kinder passten beim Unterricht gut auf, danach mussten wir nur die Nase aus unserem Bau strecken und schon befanden wir uns in einer überaus vielfältigen und herrlichen Landschaft. Bei jedem Schritt eröffnete sich inmitten dieser weiten Bergwelt ein malerisches Bild, eine kleine Kapelle auf einem schroffen Felsen, ein Hain aus Alpenrosen auf der Spitze eines zerklüfteten Abhangs, eine Einsiedelei neben einer Quelle voll mit hohem Schilfgras, eine Baumgruppe auf riesigen moosbewachsenen und efeubedeckten Felsen. Wenn die Sonne sich herabließ, sich einen Moment lang zu zeigen, nahmen all diese vom Regen gewaschenen Pflanzen, die Steine und das ganze Gelände strahlende Farben an und schimmerten in unglaublicher Frische.

Besonders zwei Ausflüge waren bemerkenswert. An den ersten denke ich nicht sehr gerne zurück, obwohl er fantastische Momente hatte. Aber unser Kranker, der sich damals (zu Beginn unseres Aufenthalts auf Mallorca) noch recht wohl fühlte, wollte uns begleiten und übernahm sich dabei derart, dass dies wohl zum Ausbruch seiner Krankheit führte.

Unser Ziel war eine Einsiedelei, die drei Meilen von der Kartause entfernt am Meer lag. Wir folgten dem rechten Arm der Bergkette und kletterten auf einem steinigen Weg, von dem uns die Füße schmerzten, von Hügel zu Hügel bis zur Nordseite der Insel. An jeder Wegbiegung bot sich uns von beachtlicher Höhe aus über die schönste Vegetation hinweg eine grandiose Aussicht auf das Meer. Es war das erste Mal, dass ich bewachsene Ufer sah, bedeckt von Bäumen und üppigem Grün bis hinab zur Wellenlinie, ohne bleiche Klippen, öde Gestade oder schlammigen Sandstrand. Überall, wo ich bisher in Frankreich auf Küsten geschaut habe, selbst auf den Anhöhen von Port-Vendres, wo das

Meer sich mir in voller Schönheit präsentierte, wirkte das Meer schmutzig und abweisend. Der so gepriesene Lido von Venedig hat scheußlich-nackten Sand voller riesiger Eidechsen, die zu Tausenden unter unseren Füßen hervorkamen und uns in immer größer werdender Zahl verfolgten wie in einem Alptraum. In Royant, in Marseille, wohl fast überall an unseren Küsten verleiden uns ein Gürtel aus schmierigem Tang und ein öder Sandstreifen, bis ans Ufer zu gehen. Auf Mallorca war es endlich wie in meinen Träumen, das Meer kristallklar und blau wie der Himmel, sanft gewellt wie eine Fläche aus in regelmäßigen Rillen gearbeiteten Saphiren, die sich von einer gewissen Höhe aus betrachtet kaum bewegte und von dunkelgrünem Wald eingerahmt war. Jeder Schritt auf dem gewundenen Bergpfad eröffnete uns eine neue Aussicht, eine schöner als die andere. Gleichwohl war diese Küste, während wir tief zur Einsiedelei hinunterstiegen, zwar sehr schön, doch nicht von der Großartigkeit, wie ich sie an einem anderen Ort ein paar Monate später erleben sollte.

Die vier oder fünf Einsiedler, die dort lebten, hatten nichts Poetisches an sich. Ihre Behausung war ärmlich und dürftig, wie es ihr Gelübde verlangt, und von ihrem terrassenförmig angelegten Garten aus, den sie gerade umgruben, fällt der Blick auf die große Einsamkeit des Meeres. Uns persönlich schienen sie die dümmsten Menschen der Welt zu sein. Sie trugen keine geistlichen Gewänder. Der Prior ließ seinen Spaten liegen und trat in einer abgewetzten Jacke aus braunem Tuch auf uns zu, seine kurzen Haare und sein schmutziger Bart hatten nichts Malerisches. Er erzählte uns von den Entbehrungen des Lebens, das sie führten, vor allem von der Kälte an dieser Küste, aber als wir ihn fragten, ob es auch manchmal Frost gäbe, konnten wir ihm nicht klarmachen, was Frost bedeutet. Er kannte dieses Wort in keiner Sprache und hatte noch nie von einem kälteren Land als die Insel Mallorca gehört. Frankreich kannte er nur daher, dass er die Flotte hatte vorbeifahren sehen, als sie 1830 zur Eroberung von Algier aufgebrochen war. Das war das schönste, erstaunlichste, man kann sagen das einzige Ereignis in seinem Leben. Er fragte uns, ob die Franzosen Algier hatten einnehmen können, und als wir ihm verrieten, dass sie gerade Constantine erobert hatten, machte er große Augen und rief aus, die Franzosen seien ein großes Volk.

Der Prior führte uns in eine kleine, sehr schmutzige Zelle, wo wir den Ältesten der Eremiten antrafen. Wir hielten ihn für einen Hundertjährigen und waren überrascht zu hören, dass er erst achtzig war. Dieser Mann war völlig debil, obwohl er immer noch mechanisch mit zitternden Händen Holzlöffel schnitzte. Er schenkte uns keinerlei Beachtung, obwohl er nicht taub war, und als der Prior ihn ansprach, hob er seinen großen Kopf, der wie aus Wachs wirkte, und zeigte uns sein Gesicht, eine Fratze voller Stumpfsinn. Ein ganzes Leben in geistiger Verkümmerung zeichnete sich in diesem entstellten Gesicht ab, von dem ich meinen Blick rasch abwenden musste wie von der schrecklichsten und unangenehmsten Sache der Welt. Wir gaben ihnen ein Almosen, da sie einem Bettelorden angehörten, aber die Bauern verehren sie noch immer sehr und sorgen dafür, dass es ihnen an nichts mangelt.

Als wir zur Kartause zurückkehrten, wurden wir von

einem heftigen Sturm überrascht, der uns mehrfach umstieß und unseren Rückweg so beschwerlich machte, dass unser Kranker völlig erschöpft war.

Der zweite Spaziergang fand einige Tage vor unserer Abreise von Mallorca statt und wird mir unvergesslich bleiben. Niemals hat mich ein Naturschauspiel so sehr berührt, ich war wohl nur drei oder vier Mal in meinem Leben so stark ergriffen.

Der Regen hatte endlich nachgelassen, und plötzlich wurde es Frühling. Es war Februar, all die Mandelbäume blühten und auf den Wiesen sprossen wohlduftende Narzissen. Das war mit Ausnahme der Farbe des Himmels und der bunt-leuchtenden Landschaft der einzige Unterschied zwischen den beiden Jahreszeiten, denn die Bäume dieser Gegend sind meist immergrün. Früh ausschlagende Triebe brauchen keinen Frost zu fürchten, das Gras bleibt frisch und den Blumen genügt ein sonniger Morgen, um ihre Nase in die Luft zu strecken. Als in unserem Garten ein halber Fuß Schnee lag, wiegte der Wind an unseren Lauben hübsche, kleine Kletterrosen, die zwar etwas blass waren, aber deshalb nicht minder gut gelaunt schienen.

Schon oft hatte ich das Meer von der Nordseite des Klosters her betrachtet, und als unser Kranker sich eines Tages so stabil zeigte, dass er zwei, drei Stunden allein bleiben konnte, machte ich mich mit meinen Kindern auf, die Küste von dieser Seite näher anzusehen. Bisher hatte es mich nicht interessiert, aber meine Kinder, die wie kleine Gämsen hin und her liefen, versicherten mir, es sei der schönste Platz auf Erden. Ich weiß nicht, ob es an dem tiefen Groll lag, den ich seit dem Besuch der Einsiedelei als der wesentlichen Ursache unserer Sorgen hegte, oder weil ich mir nach diesem atemberaubenden Ausblick von den Bergen keinen vergleichbar schönen Meerblick von der Ebene aus erwartete, jedenfalls hatte ich wenig Lust, das behütete Tal von Valldemossa zu verlassen.

Ich sagte bereits, dass sich dort, wo die Kartause steht, die Bergkette öffnet und sich eine leicht ansteigende Ebene in zwei Armen zum Meer hin erstreckt. Doch beim täglichen Hinausschauen aufs Meer, das sich am Horizont oberhalb dieser Ebene erhebt, erlagen mein Blick und meine Wahrnehmung einem seltsamen Irrtum: Anstatt zu erkennen, dass die Ebene anstieg, bis sie recht nah bei uns abrupt abfiel, bildete ich mir ein, sie würde sich als sanfter Abhang bis zum Meer erstrecken und dass die Küste nicht mehr als fünf oder sechs Meilen entfernt war. Wie sollte ich wissen, dass dieses Meer, das mir auf einer Höhe mit der Kartause zu liegen schien, in Wahrheit zwei- bis dreitausend Fuß weiter unten lag? Ich wunderte mich manchmal, dass es trotz der von mir angenommenen Entfernung so laut war, ich war mir über dieses Phänomen nicht im Klaren, und ich weiß nicht, warum ich es mir manchmal herausnehme, über die Pariser zu lästern, war ich doch selbst mehr als einfältig in meinen Vermutungen. Ich sah nicht, dass dieser Meereshorizont, an dem sich mein Blick weidete, fünfzehn oder zwanzig Meilen von der Küste entfernt war, während das Meer, das sich an der Insel brach, nur eine halbe Stunde Wegstrecke entfernt von der Kartause lag. Wenn also meine Kinder mich drängten, zum Meer zu gehen, es seien doch nur zwei Schritte bis dorthin, hatte ich nie die Zeit dafür, da ich glaubte, es wären zwei Kinderschritte, somit in Wahrheit zwei Riesenschritte; man weiß ja, dass Kinder mit dem Kopf marschieren, ohne je daran zu denken, dass sie Füße haben, und dass die Siebenmeilenstiefel des Däumlings im Märchen zeigen sollen, dass die Kinder am liebsten eine Reise um die Welt machen würden, ohne es zu merken.

Schließlich ließ ich mich überreden, überzeugt, nie den Küstenstrich zu erreichen, der mir so weit weg schien. Mein Sohn behauptete, den Weg zu kennen, aber da mit Siebenmeilenstiefeln an den Füßen alles ein Weg ist und ich dagegen schon seit Langem nur mit einfachen Schuhen durchs Leben gehe, hielt ich ihm entgegen, dass ich nicht wie er und seine Schwester über Gräben, Hecken und Bäche springen könne. Schon eine Viertelstunde zuvor war ich mir sicher gewesen, dass wir nicht zum Meer hinabliefen, denn die Bäche rannen uns schnell entgegen, und je weiter wir gingen, desto mehr schien das Meer am Horizont zu versinken. Schließlich dachte ich, wir hätten ihm den Rücken zugekehrt, und war entschlossen, den nächsten Bauern am Wege zu fragen, ob wir so tatsächlich ans Meer gelangten.

Unter einer Weidengruppe, in einem schlammigen Graben, gruben drei Hirtinnen, vielleicht drei verkleidete Feen, mit Schaufeln im Dreck herum, um irgendeinen Talisman oder dergleichen zu finden. Eine hatte nur einen Zahn, das war sicher die Fee Dentue, die ihren Zaubertrank im Kessel mit diesem einen scheußlichen Zahn anrührt. Die zweite Alte war offenkundig Karabossa, Alptraum aller Orthopäden. Beide schnitten uns scheußliche Grimassen. Die erste richtete ihren schrecklichen Zahn auf meine Tochter, deren Frische ihr Appetit machte. Die zweite schüttelte den

Kopf und drohte mit ihrer Krücke meinem Sohn, dessen schlanke Taille sie reizte, ihm das Rückgrat zu brechen. Die dritte jedoch, die jung und hübsch war, sprang leichtfüßig aus dem Graben, warf sich ihren Umhang über die Schultern und bedeutete uns mit der Hand, ihr zu folgen. Das war wohl eine gute Fee, in ihrer Verkleidung als Bergbäuerin nannte sie sich *Périca de Pier-Bruno*.

Périca war das liebenswerteste mallorquinische Geschöpf, das ich je gesehen habe. Sie und meine Ziege sind die einzigen Lebewesen, die ein Stück meines Herzens in Valldemossa behalten haben. Das kleine Mädchen war so schmutzig, dass es selbst die kleine Ziege beschämt hätte, aber als sie ein wenig durch das feuchte Gras gegangen war, wurden ihre nackten Füße zwar nicht eben weiß, aber zierlich wie die einer Andalusierin, und ihr hübsches Lächeln, ihr vertrauensseliges, neugieriges Geplapper, ihre selbstlose Freundlichkeit ließ sie uns wie eine feine Perle erscheinen. Sie war sechzehn Jahre alt, ihre sehr feinen Gesichtszüge waren rund und weich wie ein Pfirsich. Sie hatte das Ebenmaß und die Schönheit einer griechischen Statue. Ihre Taille war schlank wie eine Binse und ihre nackten Arme waren dunkelbraun. Unter ihrem *rebozillo* aus grobem Leinen quoll ihr üppiges Haar hervor, das in einem Pferdeschwanz zusammengebunden war. Sie führte uns an den Rand ihres Feldes und überquerte dann mit uns eine von Bäumen und großen Felsbrocken gesäumte Wiese; ich sah das Meer nicht mehr und wollte schon glauben, dass wir auf dem Weg in die Berge wären und die schelmische Périca sich einen Spaß erlaubte.

Aber plötzlich öffnete sie ein kleines Gatter am Ende der

Wiese, und wir sahen einen Weg, der um einen wie ein Zuckerhut geformten Fels führte. Wir folgten dem Weg, und wie durch Zauberei befanden wir uns plötzlich oberhalb des Meeres, oberhalb der unendlichen Weite, das Ufer etwa eine Meile unter unseren Füßen. Bei diesem unerwarteten Anblick wurde mir schwindlig, ich musste mich setzen. Allmählich fasste ich mich und stieg schließlich mutig den Weg hinunter, obwohl dieser nicht für Menschenfüße, sondern eher für Ziegenhufe gemacht war. Was ich sah, war so schön, dass ich plötzlich in meinen Gedanken keine Siebenmeilenstiefel mehr trug, sondern Schwalbenflügel bekam, und ich ging um die großen Kalkfelsen herum, die sich wie hundert Meter hohe Riesen an der Küste entlang erstreckten, immer auf der Suche nach der kleinen Bucht, die zu meiner Rechten ins Land ragte und in der die Fischerboote klein wie Fliegen zu sein schienen.

Plötzlich sah ich vor mir und über mir nichts mehr als das tiefblaue Meer. Der Pfad war Gott weiß wohin verschwunden, Périca schrie oberhalb meines Kopfes, und meine Kinder, die mir auf allen vieren folgten, schrien noch lauter. Ich drehte mich um und sah meine Tochter in Tränen aufgelöst. Ich kehrte um, sie nach dem Grund zu fragen, und langsam wurde mir klar, dass Entsetzen und Angst der Kinder nicht unbegründet waren. Einen Schritt weiter, und ich wäre sehr viel schneller unten gewesen als mir lieb sein konnte, es sei denn, ich hätte wie eine Fliege an der Zimmerdecke laufen können, denn der Felsen, auf den ich mich vorgewagt hatte, ragte weit über die kleine Bucht hinaus und der Fels unterhalb des Vorsprungs war schon tief ausgewaschen. Als mir bewusst wurde, in welche

Gefahr ich meine Kinder fast gebracht hätte, überkam mich eine furchtbare Angst, und eilig stieg ich mit ihnen wieder hinauf, doch als ich sie hinter einem der gewaltigen Zuckerhüte in Sicherheit gebracht hatte, überkam mich das neuerliche Verlangen, auf den Grund der Bucht hinabzusteigen und die Aushöhlungen da unten näher zu betrachten.

Nie hatte ich etwas dergleichen gesehen, was ich dort zu finden hoffte, und meine Fantasie schlug Purzelbäume. Ich stieg einen anderen Pfad hinunter, hielt mich an Sträuchern fest und umklammerte die Felsspitzen, die jedes Mal einen neuen Absatz des Weges markierten. Schließlich konnte ich einen Blick auf die riesige Öffnung der Aushöhlung werfen, wo sich die Wellen in wundersamer Harmonie überschlugen. Ich weiß nicht, welche zauberhaften Klänge ich zu hören glaubte und welch unbekannten Welten sich mir offenbaren sollten, als mich mein Sohn erschrocken und auch ein bisschen wütend heftig nach hinten zog. Unfreiwillig ließ ich mich denkbar unpoetisch fallen, nicht nach vorn, was unweigerlich das Ende meines Abenteuers und meines Lebens bedeutet hätte, sondern wie eine vernünftige Person aufs Hinterteil. Das Kind machte mir solch heftige Vorhaltungen, dass ich mein Vorhaben aufgab, nicht ohne ein gewisses Bedauern, das ich bis heute empfinde; denn meine Beine werden von Jahr zu Jahr schwerer, und ich glaube nicht, dass mir jemals wieder diese Flügel wachsen, die mich wie an jenem Tag an solche Gestade tragen.

Sicher ist allerdings auch, und das weiß ich so gut wie jeder andere, dass das, was man zu sehen bekommt, nicht immer dem entspricht, was man geträumt hat. Aber gänzlich wahr ist dies nur in der Kunst und anderen Werken der Menschen. Was mich angeht, sei es, weil ich insgesamt eine träge Fantasie habe, sei es, weil Gott über mehr Talent verfügt als ich (was nicht unmöglich ist), so habe ich die Natur immer viel schöner vorgefunden, als von mir zuvor erträumt, und ich kann mich nicht erinnern, sie jemals trostlos empfunden zu haben, es sei denn zu Zeiten, da ich es selbst war.

Ich werde immer bedauern, es nicht mehr um den Fels herum geschafft zu haben. Vielleicht hätte ich dort Amphitrite höchstpersönlich erblickt, in einer Perlmuttgrotte und mit einem Kranz aus rauschenden Algen auf der Stirn. Stattdessen sah ich nur spitze Kalkfelsen, teils von Schlucht zu Schlucht wie Säulen emporragend, teils wie Stalaktiten von Höhle zu Höhle herabhängend, alles in bizarren Formen und fantastischen Stellungen. Ungemein starke, aber verkrümmte und schon halb vom Wind entwurzelte Bäume neigten sich über den Abgrund, und aus der Tiefe ragte ein anderer Berg steil gen Himmel, ein Berg aus Kristall, Diamant und Saphir. Das Meer, von solcher Höhe aus betrachtet, erzeugt, wie jedermann weiß, die Illusion einer vertikalen Fläche. Das erkläre, wer will.

Meine Kinder machten sich daran, Pflanzen mitzunehmen. Die schönsten Liliengewächse der Welt wuchsen zwischen den Felsen. Zu dritt rissen wir schließlich eine scharlachrote Amarylliszwiebel aus, die wir aber nicht bis zur Kartause zu tragen vermochten, so schwer war sie. Mein Sohn schnitt ein Stück ab, um unserem Kranken von dieser wunderbaren Pflanze wenigstens ein Fragment zeigen zu können, das so groß war wie sein Kopf. Périca, die ein großes Bündel mit Reisig trug, den sie unterwegs

eingesammelt hatte und mit dem sie uns bei ihren sprung-
haften, schnellen Bewegungen ständig Nasenstüber ver-
setzte, begleitete uns bis zum Dorfeingang. Ich drängte
sie, mit zur Kartause zu kommen, weil ich ihr ein kleines
Geschenk überreichen wollte, das sie nur mit großer Über-
redung annahm. Arme kleine Périca, du wusstest nicht und
wirst auch nie wissen, wie gut du mir getan hast, indem du
mir zeigtest, dass es unter all den Affen ein sanftes menschliches Wesen gab, liebenswert und hilfsbereit ohne Hin-
tergedanken! An diesem Abend freuten wir uns, dass wir
Valldemossa nicht verlassen mussten, ohne einem netten
Menschen begegnet zu sein.

Medusa

Apple

Als Georg mich betrog und ich fest vorhatte, mich umzubringen, überredete mich meine Freundin Susi, doch vorher noch zu ihr nach Ibiza zu kommen, wo sie und ihr Mann Ralf ein Haus gekauft hatten.

Dort blüht jetzt alles, schwärmte sie.

Das sagen alle immer, wenn sie von Ibiza reden. Ist mir egal, ob irgendwo irgendwas blüht, sagte ich.

Mensch, Apple, wie kannst du nur so negativ sein?

Ich bin nicht negativ, nur verzweifelt.

Es ist auch nicht wahr, dass alles blüht, erwiderte sie. Es ist Sommer, da blüht nix mehr.

Danke, dass du mir die Wahrheit sagst, das bin ich nicht mehr gewohnt.

Sie buchte mir einen Flug und schickte ein Taxi vorbei, dessen Fahrer so lange bei mir Sturm klingelte, bis ich ein paar Kleider in eine Reisetasche warf und die Wohnung verließ.

Georgs Aftershave steckte ich in die Manteltasche.

Ich weinte, und der Taxifahrer fragte: Von wem mussten Sie sich verabschieden? Ich antwortete: Von meiner Vorstellung einer glücklichen Ehe. Betroffen schwieg er und sagte bis zum Flughafen kein Wort mehr.

Ich war gar nicht mit Georg verheiratet. Er hatte mich nie gefragt.

Betäubt saß ich im Flugzeug und aß das pappige Sandwich. Ich hätte auch den Karton gegessen, in dem es kam, wenn man mich dazu aufgefordert hätte. Mir war alles egal. In meinem Inneren rannten die Gefühle wie Hamster im Rad und nahmen mich damit so sehr in Anspruch, dass ich nach außen vollkommen apathisch erschien.

Du bist im Schock, sagte Susi, als sie mich vom Flughafen abholte. Du wirkst wie nach einem schweren Unfall.

Sie war roggenbrotbraun, trug ein Sommerkleidchen und goldene Sandalen und sah aus wie eine Zwanzigjährige mit frühzeitig gealterter Haut. Ich legte meinen Kopf auf ihre dürre Schulter, und Susi führte mich vorsichtig, aber bestimmt davon, meine treue Krankenschwester. Sie erwartete von mir nichts anderes, sie nannte mich »Katastrophenqueen«, und manchmal hatte ich in unseren langen Telefonaten bereits das Gefühl gehabt, meine glücklichen Zeiten mit Georg erstaunten und langweilten sie ein bisschen.

Mädchen in Bikinis und weißen Lackstiefeln kamen auf uns zugeschwirrt und wedelten mit Flyern für den Club Amnesia. Susi drückte die Mädchen resolut zur Seite, zog mich an der Hand wie ein Kind aus der Flughafenhalle, in die heiße Nachmittagssonne.

Die Erde war rot und die Olivenbäume grün, der Himmel blau und die Häuser weiß.

Eines von diesen Häusern war das Haus von Susi, und

sie klapperte mit einem großen Schlüsselbund, bis sie den richtigen Schlüssel gefunden hatte, um aufzuschließen.

Die Rumänen klauen alles, was nicht niet- und nagelfest ist, sagte sie. Alles bekommt Beine, kaum siehst du einmal weg, ist das Haus leer.

Als sie meinen erstaunten Blick sah, fügte sie hinzu: Klingt vielleicht rassistisch, aber leider ist es wahr. Ich hab hier einiges gelernt.

Aha, sagte ich lahm.

Im Haus lag ihr Mann Ralf auf dem Sofa und hielt seinen Mittagsschlaf und war also nicht geklaut worden.

Er hob die Hand und winkte, dann drehte er sich auf die andere Seite und schlief weiter. Ich kannte ihn eigentlich nur schlafend.

Er erholt sich, sagte Susi, und das wirst du jetzt auch tun.

Sie gab mir Pfefferminztee und eiskalte Melone, deren Fleisch rot und fest war und mich an eine Wunde erinnerte. Sie erklärte mir das Haus, den Garten und den Pool, den Safe. Ein Traum, murmelte ich wieder und wieder, es ist ein Traum.

Ja, seufzte Susi, das ist es. Aber ein teurer. Das Haus in Almería, das ich doch schon gefunden hatte, wäre billiger gewesen. Mit Orangenbäumen im Garten! Aber Ralf war es dort zu popelig. Zu viele Rentner mit operierten Hüften und verhornten alten Füßen in Sandalen, er wollte dort nicht hinziehen. Ich schon, sagte sie lächelnd, aber das spielt ja keine Rolle.

Sie führte mich zu einer Sonnenliege und befahl mir, mich hinzulegen. Du brauchst Ruhe, sagte sie streng.

Ich legte mich auf den Rücken. Über mir raschelten die

Olivenzweige, die Zikaden zirpten so laut, dass es in meinen Ohren rauschte, als bekäme ich einen Hörsturz. Eidechsen saßen auf den heißen Steinen und starrten mich bösartig an, dunkellila Bougainvilleen reckten sich sehnsüchtig in den blauen Himmel.

Warum hat Georg mich belogen? Betrogen? Was bekam er nicht von mir? Wonach sehnte er sich? Die üblichen, langweiligen Fragen. Sie quälten mich wie Mückenstiche, die schlimmer und schlimmer jucken, je mehr man sie kratzt. War Georg nicht schon immer ein Lügner gewesen? Anfangs hatte er gesagt, er liebe die Sonne und das Meer, später weigerte er sich, mit mir in Badeurlaub zu fahren, weil er unter einer Sonnenallergie litt und nichts mehr verabscheute, als am Strand herumzuliegen.

Er erzählte mir, er habe vielfältige Drogenerfahrung, aber als wir dann von Freunden zum Kiffen eingeladen wurden, wusste er noch nicht mal, wie man einen Joint hält.

Seine Lieblingsfarbe sei Blau, behauptete er, aber als ich ihm zu Weihnachten einen blauen Pullover schenkte, zog er ihn nie an.

Er lobte mich für meine Kochkünste, und irgendwann hörte ich ihn am Telefon zu jemand sagen, ich sei sehr süß, aber kochen könne ich leider gar nicht.

Er beklagte sich, wir seien nicht besonders experimentierfreudig in unserem Liebesleben, aber als ich mehrmals vorsichtig vorschlug, dass wir uns Sexspielzeug zulegten, sagte er jedes Mal nein.

Apple, geh doch schwimmen, du schwitzt ja wie ein Schwein, sagte Susi und gab mir ein Handtuch.

Gehorsam zog ich mir meinen Bikini an und hasste mich,

wie erwartet. Meine weiße Wampe hing über die Bikini-
hose, kein Wunder, dass Georg sich ansehnlicheres Fleisch
gesucht hatte. Ob es jünger und strammer war, wusste
ich gar nicht, nahm es aber stark an und fragte mich, was
verletzender wäre: eine knackige Jüngere oder eine schon
leicht ramponierte Frau in meinem Alter?

Ich stieg in den Pool. Ralf kam gähnend auf die Terrasse
und sah mir dabei zu. Er kniff die Augen zusammen, als
versuche er, sich an mich zu erinnern. Wir hatten nur selten
miteinander gesprochen, denn vor seiner Operation hatte er
meist aschfahl im Gesicht auf der Couch gelegen und gedöst.
Jetzt war er braungebrannt und wirkte um Jahre jünger.

Der Pool verschlingt ein Vermögen, sagte er. Wasser ist
hier so teuer wie Gold.

Entschuldigung, murmelte ich, hab ich Wasser über-
schwappen lassen?

Er lachte und fuhr sich durch die Haare, die auch dunkler und kräftiger wirkten als früher. Vielleicht färbte er sie.

Susi meint, dir ginge es nicht gut, sagte er.

Darauf antwortete ich nicht und blieb im Wasser, weil
ich mich vor Ralf nicht im Bikini zeigen wollte.

Aber dir geht's jetzt wieder gut, sagte ich, das freut mich.

Ja, sagte er und machte eine Bewegung, als wedele er
Zigarettenrauch weg. Die neue Niere funktioniert wie der
Blitz.

Ich hätte ihn gern gefragt: Von wem hast du diese Niere,
wem verdankst du dein neues Leben, wie fühlt es sich an?
Und hast du dir geschworen, jetzt ein besserer Mensch zu
sein? Aber da schwebte Susi in einem hellblauen Chiffon-
kleid aus dem Haus wie eine kleine Wolke.

Beeil dich, sagte sie, wir gehen jetzt zu Anita auf einen Drink.

Ich lief gebückt zur Liege, um meinen Bauch zu verbergen, hastete auf mein Zimmer, zog mir schwarze Hosen und ein schwarzes Hemd an, kämmte mir die nassen Haare und wusste, dass ich grauenvoll aussah.

Schlecht siehst du aus, Mädchen, sagte Ralf, als ich wieder herunterkam.

Danke, sagte ich, endlich sagt es mir mal jemand ins Gesicht.

Susi hat mir alles erzählt, das tut mir leid. Ich hatte keine Ahnung.

Susi blickte zu Boden und klimperte mit dem Schlüsselbund. Ich fragte mich, ob sie Ralf auch von allen meinen anderen Katastrophen erzählt hatte, um ihn zu erheitern. Ich sah sie neben ihm auf dem Sofa sitzen und sagen: Apple und die Männer, Teil siebenundzwanzig. Pass auf, dieses Mal geht es richtig schön schief. Ralf schlug die Augen auf und grinste erwartungsvoll: Schieß los.

Ich kann Ralf nichts verheimlichen, sagte Susi, ich hoffe, das ist okay.

Ist schon in Ordnung, sagte ich. Ist ja nur die Wahrheit.

So doof, nickte Ralf, wie kann man nur so doof sein. Mir war nicht klar, ob er meinte, Georg sei doof, sich von mir erwischen zu lassen, oder ob er Georgs Verhalten doof fand, oder mich, weil ich mich betrügen ließ.

Nimm deinen Bikini mit, sagte Susi. Zum Sonnenuntergang gehen wir immer im Meer schwimmen, und wie ich dich kenne, bist du eher textil.

Bin ich immer gewesen, sagte ich. Eher so der Textiltyp.

Siehst du, sagte sie, so gut kenne ich dich.

Ich holte meinen Bikini und hielt ihn während der Autofahrt in der Hand wie ein kleines nasses Tier.

Wir fuhren den langen Weg hinunter ins Dorf, die rote Erde staubte, und ab und an riefen Susi und Ralf Bauern auf den Feldern ein »*Hola!*« zu und erzählten mir, das sei Pepe, und das Marisol und das der alte Juan. Beide wirkten glücklich, dass sie die Einheimischen kannten, und diese auch zurückwinkten und freundlich lächelten. Ein Bauer stellte sich uns mit einer riesigen, obszön glänzenden Aubergine in den Händen in den Weg und gab erst Ruhe, als Susi die Aubergine auf den Schoß nahm und ihm versprach, sie noch heute Abend zu kochen.

Anita, so erklärten mir Ralf und Susi gewichtig, habe die allererste Hippiekneipe auf Ibiza gehabt und von hier aus habe alles angefangen.

Was alles?

Die Hippiebewegung.

Aber wie konnte die in einer Kneipe auf Ibiza anfangen?

Hier waren die ersten, sagte Ralf eine Spur ungeduldig, sie kamen hierher, weil die Häuser und das Leben billig waren.

Das waren noch Zeiten, sagte ich, nur um irgendetwas zu sagen.

Ja, rief Ralf, das kann man wohl sagen. Da hast du noch Häuser mit Meerblick für 'n Appel und ein Ei bekommen.

Wir hatten damals aber weder einen Appel noch ein Ei, wandte Susi ein, und beide kicherten blöd.

Apple, sagte Susi kopfschüttelnd, hat deine Hippiemutter jemals kapiert, was sie dir mit diesem Namen angetan hat?

Nein, sagte ich, aber sie meint, es sei doch für mich jetzt besser als früher, damals hätte niemand so geheißen und heute wisse immerhin jeder, wie mein Name buchstabiert wird.

Aber wer möchte schon heißen wie ein Computer?, fragte Ralf.

Ist ja gut, sagte Susi. Lass sie in Ruhe. Sie küsste ihn zärtlich auf die Wange. Ich sah ihr dabei zu und versuchte, mir Georg und mich vorn und Susi mit Liebeskummer auf dem Rücksitz vorzustellen, aber das klappte nicht. Die Rollen waren klar verteilt.

Warst du nicht als Kind mit deiner Mutter in Torremolinos und hast Schmuck am Strand verkauft?, fragte Susi, als sie mit Küssen fertig war.

Nein, log ich schnell, weil ich keine Lust hatte, über meine Mutter zu reden. Das musst du verwechseln.

Ich dachte, du hättest mir mal so was erzählt. Doch, ich erinnere mich, das hast du mir erzählt. Du hast mit deiner nackten Mutter in 'nem Zelt am Strand gewohnt …

Ralf drehte sich nach mir um. Das würde einiges über dich erklären, sagte er. Susi schlug ihm mit der flachen Hand auf den Hinterkopf. Guck auf die Straße, sagte sie, und werd nicht frech.

Ich beneidete die beiden. Und obwohl ich nicht von meiner Mutter geredet hatte, saß sie bereits neben mir auf dem Rücksitz, lachte fröhlich und sagte: Ich hab's deinem Georg gleich angesehen. Der lügt und betrügt.

Bei Anita hockten wir auf sehr unbequemen kleinen Stühlen auf der Straße in einer gefährlichen Kurve, und bei jedem Auto, das um die Ecke bog und mich fast umnietete, malte ich mir aus, wie mein Begräbnis aussehen würde. Ob Georg meine Leiche nach Deutschland überführen würde? Das war teuer, und unsinnig, denn mein Grab würde er wahrscheinlich sowieso nicht besuchen, also könnte er mich auch hier, auf Ibiza, begraben lassen. Würde ich einen Stein bekommen oder ein schlichtes Holzkreuz, oder käme ich in eine dieser spanischen Schubladen mit Plastikblumen wie vom Schießstand am Frühlingsfest? Würde er für mich in dieser weißen Kirche vor meinen Augen eine Messe lesen lassen, weil ich ja immerhin noch Kirchenmitglied war und brav meine Kirchensteuer bezahlte?

Immer wieder hat er mich deswegen gestichelt, mich einen religiösen Trottel genannt. Mit vierzehn, als ich bei einer anderen Familie lebte, weil meine Mutter sich in einen Kerl in Holland verknallt hatte, hatte ich mich taufen und firmen lassen, weil ich irgendwo dazugehören wollte. Ich liebte die verlässlichen Rituale der Kirche und die immer gleichen Geschichten. Eine Zeitlang ging ich damals jeden Tag, betete inbrünstig und erhoffte mir Visionen wie die heilige Katharina, die mein heimliches Vorbild war. Ich spielte mit dem Gedanken, Nonne zu werden, damit meine Mutter mich nur noch zweimal im Jahr durchs Fensterchen in der Klostermauer sehen dürfte. Als sich allerdings trotz heftigen Betens, Fastens und sogar Kasteiens mit Reißzwecken, die ich mir ins Fleisch bohrte, keine Visionen einstellten, fiel ich mehr und mehr vom Glauben ab. Bis heute habe ich es jedoch nicht übers Herz gebracht, aus der Kirche auszutreten, obwohl ich viel Geld sparen würde.

Auf einer Reise nach Italien habe ich Georg dazu bringen wollen, wenigstens einzugestehen, dass der Katholizismus grandiose Kunst hervorgebracht hat. Er machte die dämliche Rechnung auf, wie viele Menschenleben die katholische Kirche auf dem Gewissen habe, und da verzichte er gern auf alle Kunstschätze Italiens inklusive der Sixtinischen Kapelle.

Ich nicht, sagte ich leise.

Mein bigottes Tantchen du, sagte er und knabberte an meinem rechten Ohr. Immer am rechten, weil er es überwältigend schön und formvollendet fand.

Mein rechtes Ohr vermisste ihn jetzt gerade, und ich konnte mich den Bruchteil einer Sekunde lang nicht erinnern, warum ich ihn nicht einfach anrief und nach Hause fuhr.

Wir trinken hier immer ein kleines Bier und essen ein paar Oliven, sagte Ralf.

Er isst und trinkt jetzt den ganzen Tag, weil er so lange nicht durfte, erklärte Susi.

Ich nickte stumm. Susi erschien mir Ralf komplett ergeben, fast devot, als könne sie immer noch nicht fassen, dass Ralf überlebt hatte.

Schöne Menschen stiegen aus staubigen Jeeps und strömten in das Restaurant. Ich hörte Deutsch, Italienisch, Französisch, die Frauen trugen balinesische Sarongs und bauchfreie Oberteile, die Männer dunkelblaue Leinenhemden und Khakihosen, genau wie Ralf. Lässig hob er die Hand, grüßte und wurde zurückgegrüßt, murmelte: Das ist der Drummer von Uriah Heep, das ist der Produzent von Peter Maffay, und das der Toningenieur von John Mayall. Sie alle hatten lange graue Haare, die verdächtig nach Extensions aussahen, das fiel mir noch auf, da rief Susi fröhlich: Und weiter geht's!, und sprang auf. Ich trank mein Bier in einem Zug aus und fühlte mich schlagartig betrunken.

Wir fuhren an den Strand. Mir war schlecht vor Kummer und Verwirrung. Auf dem Rücksitz überlegte ich, wie ich mich elegant aus dem Seitenfenster beugen könnte, um mich zu übergeben, oder was Ralf dazu sagen würde, wenn ich in seinen Nacken spuckte.

Am Strand eilte Susi in eine kleine Strandbar und gab über die Theke hinweg dem verwitterten Barkeeper einen Kuss, während Ralf und ich stumm auf sie warteten. Von allen Seiten wurde Susi von coolen, hübschen, selbstsicheren Menschen begrüßt, sie deutete ein ums andere Mal auf mich, ein vertrautes Gefühl aus der Pubertät stellte sich ein: die Uncoole, die Andere, die da hinten zu sein. Meine Schritte auf dem Holzboden wurden lauter, mein Schatten größer und dicker, als hätte ich einen gigantischen Körper. Ich fühlte mich riesenhaft und ungelenk, roch meinen eigenen Schweiß, und mein ganzes Wesen versuchte, sich für meine Existenz zu entschuldigen.

Vámonos, rief Susi aufgekratzt und lief an den Strand hinunter, seufzend folgte ich ihr. Ralf zog sich im Handumdrehen splitterfasernackt aus und sah mich auffordernd an. Ich betrachtete neugierig seine rote Narbe, die sich sichelförmig vom Bauchnabel nach unten zog.

Er bemerkte meinen Blick und sagte: Früher hat man vom Rücken aus operiert. Heute ist das alles Routine. Alte Niere raus, neue rein und tschüss. Nach sechs Stunden war ich wieder raus aus dem OP. Am nächsten Tag bin ich schon den Krankenhausflur auf und ab spaziert. Nicht zu fassen. Man kapiert's nicht wirklich. Plötzlich darf man wieder leben, als hätte jemand mit dem Zauberstab gefuchtelt. Ziehst du dich heute noch aus?

Ich setzte mich daraufhin in den Sand und sah nun seine Genitalien von unten. Seine Schamhaare waren ein wenig schütter, aber sein Penis erstaunlich lang und jugendlich. Er trat keinen Schritt zurück, sondern überließ ihn stolz meiner Betrachtung, bis Susi kam und sich ebenfalls entkleidete.

Sie trug ihre Schamhaare rasiert, wie es gerade Mode war. Fast jede nackte Frau an diesem Strand hatte die gleiche Schamhaarfrisur, was den meisten nicht stand, denn es ließ ihre Unterbäuche faltig aussehen und zeigte unvorteilhaft ihre schlappen Schamlippen. Keine schien sich dessen bewusst zu sein, oder aber sie fanden es selbst sexy, oder befreit. Ich hatte keine Ahnung. Ich wollte meine Freundin nicht so sehen.

Sag ich doch, du bist eine Textile, sagte Susi von oben zu mir, und trotzig zog ich mir jetzt noch nicht einmal den Bikini an, sondern nur die Hose aus, und blieb in meinem schwarzen Hemd im Sand sitzen wie eine alte Spanierin.

Susi und Ralf nahmen sich an den Händen und sprangen über die Wellen. Ich sah Georg und die Frau, mit der er mich betrog, durchs Wasser hüpfen, und beide wirkten von hinten schlank und knackig. Von vorn wahrscheinlich auch. Georg hatte vor Monaten eine Diät begonnen und fast zehn Kilo abgenommen. Das hätte mich stutzig machen sollen, stattdessen freute ich mich über seine neu erwachte Eitelkeit und fragte mich kein einziges Mal, wem sie eigentlich galt. Es war mir peinlich, dass nichts an seinem Betrug originell war.

Zwei junge Männer bauten sich vor der Brandung auf und spielten im T-Shirt, aber ohne Unterhosen Beachball. Warum? War es ihnen so angenehmer? Ich verstand ihr Verhalten nicht. Ich verstand nichts mehr. War es ein Fehler gewesen, wegzufahren? War ich geflohen und hätte eigentlich standhalten sollen, wie ein guter Samurai? Mein Gehirn produzierte in erstaunlicher Geschwindigkeit den immer gleichen Gedankensturm, der mich jedes Mal aufs Neue folterte.

Die anderen Menschen, einschließlich der beiden halbnackten Ballspieler vor mir, schienen ihre Gedanken und Gefühle im Griff zu haben, als kennten sie alle einen Trick, nur ich nicht.

Der Sturm wurde zu mächtig für meinen Brustkorb und bahnte sich heulend einen Weg ins Freie. Ich lief in meinem schwarzen Hemd ins Meer. Das Wasser war warm und mild, so wie ich mir Fruchtwasser vorstelle. Die Tränen, die mir über das Gesicht liefen, ließen sich nicht mehr vom Meerwasser unterscheiden, und auch ich selbst verschmolz mit den wogenden Fluten. Seegras wiegte sich in der Tiefe wie zu Musik. *Der kleine Wassermann* fiel mir ein, ein Kinderbuch, das ich öfter gelesen hatte als jedes andere. Er lebte glücklich unter Wasser, seine Schwester wollte ich als Kind so gern sein, Schwimmhäute zwischen Fingern und Zehen bekommen und lange, seetanggrüne Haare wie er. Ich tauchte und durchquerte türkisblaue, warme Stellen und eiskalte, rabenschwarze Löcher. Bis Mallorca wollte ich schwimmen, oder besser noch: gleich bis Barcelona, wo ich rank und schlank und guten Mutes an Land gehen würde, als neuer Mensch, befreit von meiner ganzen bescheuerten Vergangenheit.

Stattdessen berührten mich am Unterschenkel die fahlen Finger eines Gespenstes, so kam es mir vor, und kurz darauf brannte mein linkes Bein wie Feuer. Wie konnte etwas unter Wasser brennen? Ich heulte jetzt nicht mehr, sondern schrie wie am Spieß, aber da ich so weit hinausgeschwommen war, hörte mich niemand. Ich fühlte mein Bein kaum noch und paddelte unbeholfen und panisch umher, schluckte Wasser und kriegte es in die Augen. Leg dich auf den Rücken, befahl ich mir mit der Stimme meiner Mutter, leg dich auf den Rücken!

Ich gehorchte ihr, wie ich ihr immer gehorcht habe, und tatsächlich beruhigte ich mich ein wenig, auch wenn mein Bein nicht aufhörte zu brennen. Unendlich langsam paddelte ich zurück zum Strand. Susi stand im flachen Wasser und stützte die Arme in ihre nackten Hüften.

Wo bleibst du denn?, herrschte sie mich an.

Qualle, stammelte ich, Feuerqualle.

Sie legten mich auf ein Handtuch und versammelten sich um mich wie um ein interessantes Fundstück. Ich sah jetzt sehr viele nackte Genitalien von unten. Ein kahler Spanier mit goldenen Ohrringen rief nach einer Kreditkarte, und jemand reichte ihm eine schwarze American-Express-Karte, mit der er über mein Bein schabte.

Medusas, sagte er.

Quallen. Sie heißen auf Spanisch *medusas*, sagte Susi zu mir wie in einem Volkshochschulkurs.

Es entstand eine kleine Diskussion zwischen dem Spa-

nier und den anderen Männern, Ralf wandte sich kopfschüttelnd ab.

Mensch, Ralf, sagte Susi lachend. Jetzt stell dich nicht
so an. Diesen kleinen Freundschaftsdienst könntest du echt
leisten!

Mach du doch, sagte er und ging ein paar Schritte weg.

Susi sah den Spanier an, der daraufhin achselzuckend
seinen Penis griff, wie ein Feuerwehrmann auf mein Bein
richtete, und einen dicken Strahl auf die verbrannte Stelle
pinkelte. Ich schrie vor Schmerzen, und alle lachten. Der
Spanier schüttelte ab.

Gracias, sagte ich artig.

De nada. Er grinste und entfernte sich dann mit allen
anderen außer Susi. Sie tätschelte mir die Schulter.

Wir holen uns jetzt einen Drink, sagte sie, magst du auch
was?

Mit zusammengebissenen Zähnen schüttelte ich den
Kopf. Der Schmerz war nicht kleiner geworden. Mein Bein
stand weiterhin in Flammen.

Geht nur, sagte ich.

Ich blieb auf dem Handtuch zurück und fühlte mich
jetzt wie eine alte Qualle am Ostseestrand, über die sich
ein paar Kinder gebeugt, in der sie rumgestochert hatten,
und die jetzt langweilig geworden war. Selbstmitleid über-
flutete mich. Ich hangelte nach meinem Telefon und fand
natürlich keine Nachricht von Georg. Reflexartig rief ich
meine Mutter in Torremolinos an, wohin ich sie geschickt
hatte, damit ich mal eine Pause von ihr bekam. Ich rief an,
obwohl sie mich eigentlich nie tröstete, sondern mir meist

das Gefühl gab, komplett versagt zu haben. Aber sie ging nicht ans Telefon. Ich googelte Medusa und lernte, dass sie eine schöne Frau gewesen war, bevor Pallas Athene sie in ihrem Tempel mit Poseidon erwischte und sie in ein geflügeltes Ungeheuer mit Schlangenhaaren, Vampirzähnen, glühenden Augen und heraushängender Zunge verwandelte, bei dessen Anblick jeder zu Stein wurde. Ich fand diesen Aufzug ziemlich cool, und an Athenes Stelle hätte ich mich selbst so verwandelt und Georg dafür in einen Findling. Aber da ich keine griechische Göttin, sondern ein deutsches Weichei war, zuckten mir stattdessen die Finger, und fast hätte ich Georg angerufen und ihn um Verzeihung dafür gebeten, dass ich ihm nicht mehr gefiel.

Susi und Ralf winkten mir aus der Strandbar, aus der jetzt Musik in Fetzen herüberschallte. Ich erkannte *Brown Sugar* von den Stones, bei dem Song musste ich immer an braunen Rohrzucker denken und nicht an Heroin.

Das Meer färbte sich silbergrau, und die Sonne wollte unbedingt kitschig aussehen. Ein kühler Wind kam auf, widerstrebend zogen sich die letzten Nackten an. Ein blasser junger Mann von etwa fünfundzwanzig in einer roten Badehose, mit Brille und beginnender Glatze, stolperte über mein Handtuch. Eine Frau um die fünfzig in einem indischen Wallekleid ging an seiner Seite und entschuldigte sich auf Spanisch bei mir. Erst jetzt fiel mir auf, dass der junge Mann einen kleinen Kescher, ein rotes Sandeimerchen und eine gelbe Schaufel trug.

Er ließ sich auf die Knie fallen und begann, konzentriert mit der Schaufel im Sand zu buddeln. Die Frau im Wallekleid küsste ihn auf den Scheitel, stellte sich neben ihn und sah mit untergeschlagenen Armen aufs Meer.

Der Spanier, der auf mein Bein gepinkelt hatte, kam, immer noch nackt, mit zwei orangefarbenen Drinks in der Hand zu ihr. Er gab ihr einen Drink und legte den Arm um ihre Schultern, während der junge Mann zu ihren Füßen im Sand spielte wie ein kleines Kind. Ich schämte mich und nahm mir vor, nicht länger wehleidig zu sein.

Als ich jedoch wieder mit Ralf und Susi im Auto saß, dachte ich an Autofahrten mit Georg, an seine Hand auf der Gangschaltung und auf meinem Oberschenkel, und an seine Hand auf dem Schenkel einer anderen.

Das Schmerzliche daran war nicht so sehr die andere als meine Schwäche und Austauschbarkeit. Ich wäre gern eine wütende Athene gewesen, aber mir fehlten die Kraft und der Mut. Ich war nur eine spießige kleine Urschel, die noch nicht einmal ein einziges Sexspielzeug besaß.

Ralf und Susi führten mich in ein Restaurant, das inselweit bekannt sei. Was ja nicht so schwierig war, gemessen an der Größe der Insel.

Susi küsste die Kellnerin auf die Wangen und bestellte für uns alle, ohne uns zu fragen.

Tja, sagte Ralf. So ist sie eben. Sie weiß, was für uns gut ist.

Apple isst kein Fleisch, und du isst nur Fleisch, seit du wieder darfst, sagte Susi. Ist doch ganz einfach. Und ich habe keine Regeln und esse alles.

Ja, lächelte Ralf, du hast keine Regeln, das ist leider wahr. Er wandte sich an mich. Brennt's noch?

Ich nickte knapp, um nicht zimperlich zu erscheinen, aber Susi sah mich an wie einen elenden Hypochonder.

Es fehlen die Thunfische, die die Quallen fressen, das ist das Problem, sagte Ralf.

Die Thunfische haben wir gefressen, sagte Susi.

Hast du auch Tomatensalat bestellt?, fragte Ralf.

Claro. Susi legte ihre Hand auf seine. Ich kann in Deutschland überhaupt keine Tomaten mehr essen, die schmecken so nichtssagend.

Wie das ganze Land, ergänzte Ralf.

Ja, ja, sagte ich und beschloss, frech zu werden, aber kommen unsere Tomaten nicht auch aus Spanien?

Ja, aber die sind vollgepumpt mit Dünger. Die würde ein Spanier nicht anrühren. Auch diese Dreierpackung Paprika rot-grün-gelb gibt es nur für den Export, für die deutschen Deppen.

Danke, sagte ich.

Das Leben ist hier einfach sinnlicher, sagte Susi, nahm Ralfs Hand und biss spielerisch hinein.

Auf Ibiza wird man zum Tier, sagte Ralf, und Susi kicherte wie ein junges Mädchen. Sie trug ein tief ausgeschnittenes, feuerrotes Kleid, das dritte an diesem Tag. Ihre Brüste könnten einen BH vertragen, dachte ich. Ich aß den Tiegel mit dem Alioli fast allein auf, und Susi und Ralf sahen mir dabei zu. Sie achteten auf ihre Figur. Ich brauchte meine nicht mehr. Wir schwiegen so lange, bis uns allen gleichzeitig auffiel, dass wir uns nichts zu sagen hatten.

Kleine Preisfrage, fragte Ralf, welches ist eurer Meinung nach das größte Wunder? Das allergrößte Wunder der Welt?

Susi stöhnte. Bitte nicht.

Kommt schon, sagte Ralf, strengt euch an.

Schnee, sagte Susi.

Falsch.

Ein Parkplatz in Schwabing, sagte ich.

Deine Welt ist ziemlich klein, lachte er. Los, überlegt mal.

Ein Regenbogen, bot Susi an.

Dass man von den Geschirrspültabs nicht mehr die Plastikhülle abpulen muss, sagte ich.

Jetzt gib uns schon die Antwort, du Besserwisser, sagte Susi.

Ralf holte Luft. Das größte Wunder ist, dass wir wissen, dass wir sterben werden, und trotzdem jeden Tag wieder so tun, als gälte das nicht für uns.

Danke, sagte Susi trocken, ich tue im Moment gern so, als gälte es nicht für dich. Und du könntest auch mal kurz aufhören, ständig über den Tod nachzudenken.

Mach ich gar nicht. Im Gegenteil, ich wollte nur die Stimmung ein bisschen aufheitern, sagte Ralf.

Erschrocken hielt ich inne. Verderbe ich euch die Stimmung?

Sei nicht blöd, sagte Susi, aber Ralf schien nicken zu wollen.

Das war jetzt wirklich nicht lustig, sagte Susi zu Ralf.

Soll ich einen Witz erzählen?, fragte Ralf. Susi stöhnte.

Ich hatte das deutliche Gefühl, dass es an mir war, etwas für die Stimmung zu tun, aber mir fiel einfach nichts ein.

Ich bin ein Trauerkloß, sagte ich. Tut mir leid.

Ralf seufzte. Susi bemühte sich, mitfühlend dreinzuschauen. So eine Scheiße, sagte sie milde. Beide betrachteten mich wie hilflose Eltern.

Aber wie der Typ auf mein Bein gepinkelt hat, das war lustig, sagte ich, und zum Glück lachten beide, und ich lachte mit.

In der Nacht brannte mein Bein weiterhin wie Feuer. Ich wälzte mich aus meinem schweißgetränkten Bett, ging hinauf aufs Dach und legte mich auf die warmen Ziegel.

In den Sternen über mir konnte ich nur den Großen und den Kleinen Wagen ausmachen und den Gürtel des Orion. Mehr Sternbilder kannte ich nicht.

Jemand kam auf nackten Füßen die Treppe herauf. Susi legte sich neben mich.

Schläfst du?, flüsterte sie.

Nein, flüsterte ich zurück.

Fährst du mit mir nach Ibiza-Stadt?

Aber es ist schon zwei Uhr in der Nacht.

Sie lachte leise. Da fängt es doch hier erst an, sagte sie und nahm meine Hand. Komm schon. Sei nicht so langweilig.

Ich bin gern langweilig.

Ich will dir was zeigen.

Was willst du mir denn zeigen?

Wart's ab, sagte sie.

Und kommt Ralf nicht mit?

Darauf antwortete sie nicht.

Sie zog mich an der Hand durch die überfüllten Straßen der Altstadt. Horden von Mädchen in abgeschnittenen Shorts und Miniröcken mit mehr oder weniger gut geformten, braungebrannten Beinen staksten auf Stöckelschuhen umher, junge, schwitzende Männer in T-Shirts und Shorts standen herum und rauchten nervös, ein Summen lag in der Luft wie in einem Bienenstock. Diskotickets wurden von schmierigen Aufreißern gehandelt wie Drogen. Die Frauen rangen theatralisch die Hände und schmachteten sie aus zu dick geschminkten Augen an, legten die frisierten Köpfe schief und bettelten um Einlass. Angegraute Ehepaare sahen von den Cafés aus misstrauisch dem Treiben zu. Wegen der Hitze schlief anscheinend niemand auf dieser Insel.

Susi führte mich immer weiter hinein in das Gedränge. Asiatinnen standen vor den Clubs und wedelten mit Getränkegutscheinen, die sie jedem in die Hand drückten außer mir. Ich fühlte mich abgewiesen und seltsam verletzt. Eine Gasse weiter gab es kaum noch Frauen, dafür begegnete uns eine alte Tunte in einer kurzen Kellnerinnenuniform mit weißgestärkter Schürze und Häubchen auf dem blondgefärbten Haar. Weißer Puder hatte sich tief in die Falten ihres Gesichts gegraben, der Mund war grell pink überschminkt, und an ihren Augenlidern klebten falsche Wimpern. Sie schwitzte in ihrem Kostüm und wedelte sich mit einem Fächer Luft zu.

Nur widerwillig machte sie Platz, um uns passieren zu lassen.

Hallo Harry, sagte Susi, und die Tunte nickte gnädig. Susi zog mich in einen Hauseingang und legte den Finger an die Lippen. Ich war müde, mein Bein brannte.

Susi, was machen wir hier?

Pscht, machte sie und spähte aus dem Hauseingang auf

die enge Straße. Männliche Liebespaare aller Nationalitäten und jeden Alters promenierten an uns vorbei. Wir warteten lange, und ich hatte keine Ahnung, warum oder auf was. Susi steckte sich eine Zigarette an. Wir standen im Dunkeln, und ich hatte immer mehr das Gefühl zu verschwinden. Das war zunehmend angenehm, und als mich Susi mit einem Mal am Arm packte, fühlte ich mich gestört. Sie zog mich tiefer in den finsteren Hauseingang und deutete gleichzeitig hinaus. Ich erkannte ihn nicht gleich. Er hatte den Arm um die Schultern eines jungen schwarzhaarigen Mannes gelegt und presste seinen Mund auf dessen Lippen. Der junge Mann trug Hosenträger über seinem nackten, glänzenden Oberkörper. Ralf ging vorbei, ohne uns zu entdecken.

Susi schnipste ihre Zigarette in die Ecke.

Das wolltest du mir zeigen?, fragte ich.

Am Ende verlierst du, sagte sie leise, ganz gleich, wie. Sie trat aus dem Hauseingang zurück auf die Straße. Du bemitleidest dich ein bisschen zu sehr.

Ich war beleidigt, wollte aber dennoch wissen, wie sie damit zurechtkam.

Wer sagt, dass ich das tue? Sie lachte laut mit offenem Mund, als wolle sie etwas ausspucken, das ihr in der Kehle festsaß. Jahrelang habe ich Angst gehabt, dass ich ihn verliere, weil er keine Niere mehr bekommt, und ich allein zurückbleibe. Und jetzt lebt er mit seiner neuen Niere ein ganz neues Leben, und ich bin auf andere Art allein.

Ganz plötzlich ist er schwul?, fragte ich ungläubig.

Anfangs wollte er es nur ausprobieren, aus purer neuer Lebenslust, und war erstaunt, wie gut es ihm gefiel. Jetzt glaubt er, er sei eigentlich schon immer schwul gewesen und habe sich bloß nie getraut.

Du hast ihn nicht verloren, stellte ich kühl fest, ihr lebt immerhin noch zusammen.

Darauf antwortete sie nicht mehr. Stumm gingen wir zurück zum Auto. Anstatt jedoch nach Hause zu fahren, hielt Susi vor dem Pacha, Diskothek der ersten Stunde. Ohne mit der Wimper zu zucken, zahlte sie 80 Euro Eintritt und sah mich auffordernd an.

Susi, begann ich, mein Bein tut weh, ich bin müde.

Papperlapapp, sagte sie, wir haben beide was zu vergessen.

Ich wollte ihr diese Gelegenheit nicht verderben.

Heute ist Hippienacht, sagte sie grinsend.

Oh Gott, stöhnte ich, das pack ich nicht.

Rosa und blaues Licht umzuckte uns. Eine schweißnasse Menge mit Afroperücken und bunten runden Sonnenbrillen wogte zur Musik von Pink Floyd, Jefferson Airplane und den Doors, auf kleinen Emporen bogen sich fast nackte junge Frauen und Männer mit bemalten Körpern als Vortänzer. Uralte Hippies mit Lederbändern im schütteren Haar und tief zerfurchten Gesichtern zogen wie Lemuren an mir vorbei.

Mit untergeschlagenen Armen lehnte ich mich an eine Säule und sah Susi zu, die sich auf die Tanzfläche stürzte wie von einem Sprungbrett. Bald hatte ich sie aus den Augen verloren. Stroboskopblitze peitschten durch den Raum, die Masse verschwamm zu einem amorphen tausendarmigen und tausendfüßigen Wesen, das keuchend daran arbeitete, ans Ziel zu kommen, alles zu vergessen, die Vergangenheit und die Zukunft. Ich saß auf der Decke meiner Mutter und bewachte ihren Schmuck, während sie mit dem Bankangestellten hinter den Felsen ging. Sie war die Schönste von allen, ihre langen, sonnengebleichten Haare kringelten sich über ihrem braungebrannten Busen, ihr vorn geknoteter Sarong sprang bei der kleinsten Bewegung auf und ließ jeden ihre Scham sehen. Ihre Augen leuchteten grün wie der Frühling in Deutschland, und ihr Lachen becircte alle, selbst mich. Ich liebte sie abgöttisch und verfluchte sie.

Ein junger Mann, halb so alt wie ich, zupfte mich am Ärmel. Er trug eine Afroperücke und ein lila glänzendes Hemd wie beim Fasching.

Báilas?, schrie er, und als ich ihn nicht verstand, rief er es noch ein Mal. *Báilas?* Tanzt du?

Sí, schrie ich endlich, setzte mein Medusenhaupt auf, Schlangen züngelten um meine Stirn, meine Augen begannen zu glühen, ich streckte die Zunge heraus. Der junge Spanier wurde nicht zu Stein, er lachte und nahm meine Hand.

Ibiza

SUTER   Da ist zuerst das Betonungsproblem. Die Deutschen sagen Íbiza.

STUCKRAD-BARRE   Ibíza?

SUTER   Alle sagen Ibíza. Die Deutschen aber: Íbiza. Die Spanier sagen Ibíza, Eivissa sagen die Katalanen.

STUCKRAD-BARRE   Ibitha. Mit englischem th. Mit spuckendem ß.

SUTER   Nur in Deutschland sagt man eben …

STUCKRAD-BARRE   Íbiza.

SUTER   … Íbiza. Und ich bin eigentlich ein Verteidiger der Deutschen, die das so aussprechen, man darf ja fremde Wörter in seiner eigenen Sprache aussprechen, wie man will. Zum Beispiel sagen die Franzosen auch Pari. Wir Schweizer aber sagen Paris. Also darf man auch Íbiza sagen, obwohl es eigentlich Ibíza heißt.

STUCKRAD-BARRE   Also von dieser Insel, wie auch immer sie ausgesprochen wird, komme ich gerade, ich bin just vor ein paar Tagen aus Ibitha – wie wir in Westberlin sagen, in geraden Monaten – zurückgekommen. Und ich war zuvor nur einmal dort gewesen: als ich mal von einem Schiff geflogen bin.

SUTER   Du bist von einem Schiff geflogen?

STUCKRAD-BARRE O ja. Wegen ungebührlichen Benehmens bin ich mal von einem Kreuzfahrtschiff geschmissen worden. Was ja als durchweg positiv zu betrachten ist.

SUTER Aber das war netterweise in einem Hafen?

STUCKRAD-BARRE Klar, das schon. Das war freundlich. Ein etwas pathetischer Abgang war es dennoch.

SUTER Was hattest du denn gemacht?

STUCKRAD-BARRE Och, das Übliche – also, mit dem Nichtraucherschutz ist man auf Schiffen doch relativ pingelig, habe ich erfahren müssen. Dies durchaus schon berücksichtigend, bin ich immer eine Ecke weitergezogen und habe dort weitergeraucht.

SUTER Was hast du denn geraucht?

STUCKRAD-BARRE Das entzieht sich meiner Kenntnis. Ich vermute, es waren Mentholzigaretten, am Ende sind es immer Mentholzigaretten. Aber egal, was es war, über das Rauchen auf diesem Schiff gab es dann einige Meinungsverschiedenheiten auf unterschiedlichen Ebenen.

SUTER Zwischen dem Kapitän und dir.

STUCKRAD-BARRE Sogar die Rettungsboote waren gegen mich, hatte ich zum Schluss das Gefühl. Recht bald hatte ich es mir relativ allumfassend verscherzt auf dem Schiff. Es lief auch immer irgendein wichtiges Fußballspiel oder so auf sehr großen Bildschirmen an Deck. Und ich dachte, ich bringe ein bisschen Stimmung in die zweite Halbzeit, indem ich den Stecker rausziehe.

SUTER Ah, gut, ja.

STUCKRAD-BARRE Das wurde kontrovers aufgenommen, to say the least. Vor drei Jahren war das.

SUTER   Ach, ich dachte, vor zwanzig.

STUCKRAD-BARRE   Soweit ich weiß nicht. Und dann sagten die also, als alle Ecken vollgeraucht waren: »Wir sperren dich jetzt in deine Kajüte da ein, und wir schließen von außen zu.« Woraufhin ich bilanzierte: »Ihr blöden Nazis macht das auf gar keinen Fall. Ich bin ja nicht drei Jahre alt oder so.« Diese Erwiderung würde ich heute, mit etwas sogenanntem Abstand betrachtet, nicht mehr jedem in einer solchen Situation empfehlen. Des Weiteren sagte ich: »Einsperren, das wird nicht passieren. Dann gehe ich jetzt besser vom Schiff, aber ihr müsst meinen Koffer packen.« Und das haben die auch gemacht.

SUTER   Die haben da extra Leute für diesen Zweck, denn das passiert ja öfter.

STUCKRAD-BARRE   Und die wollen ja auch beschäftigt sein, nicht wahr? Da sind wir alle gefordert. Als ich ein paar Tage später meinen Kofferinhalt überprüfte, waren meine Lieblingsbadehose und mein Lieblingsschal fort. Und es ist ja klar, dass die jetzt nie wieder arbeiten müssen, diese Sicherheitsleute, die sich diese beiden Sachen fraglos angeeignet haben. Und in jener Nacht, als ich von dem Schiff flog, im Hafen Íbízás, da habe ich einen Mann kennengelernt, mit dem ich seitdem eine Art Bruderschaft unterhalte, weil auch er in jener Nacht irgendwo rausgeflogen war. Der besitzt ein Haus dort und hat mich auch jetzt da wohnen lassen, bei meinem nun zweiten Ibiza-Urlaub, der wieder sehr schattig verlief.

SUTER   Also der wurde auch rausgeschmissen …

STUCKRAD-BARRE   Irgendwo anders.

SUTER   … und hat gleich ein Haus gebaut?

STUCKRAD-BARRE   Aus seiner Ehe oder aus irgendwas war der nun rausgeflogen an dem Abend, und dieses synchrone Rausfliegen, das hat uns direkt sehr miteinander verbunden. Und diesmal durfte ich also in seinem Haus wohnen für eine Woche und suchte natürlich – wie überall! – auch dort deine Spuren. Erinnerte ich mich doch, dass du ein paar Jahre lang auf Ibiza gewohnt hast. Es spielen ja sogar Bücher von dir AUF Ibiza. In Íbí, wie wir Gruppenreisenden sagen. Du als Profi, sagst du AUF oder sagst du IN Ibiza? IN Ibiza-Stadt ja mal auf jeden Fall, nicht?

SUTER   »In Ibiza«, das wäre die Stadt, und »auf Ibiza« die Insel. So habe ich es immer gehalten.

STUCKRAD-BARRE   Wann war das, und wie lange hast du dort gewohnt?

SUTER   Ich glaube, ich war 1975 das erste Mal auf Ibiza, weil dort ein guter Freund von mir, der Jean Willi, lebt.

STUCKRAD-BARRE   Ein Hippie?

SUTER   Nein, nein, kein Hippie.

STUCKRAD-BARRE   Bist du ja auch im engeren Sinne eigentlich nicht, ein Hippie.

SUTER   Nein. Also ich bin nicht diese Art Hippie, der …

STUCKRAD-BARRE   Angst vor der Dusche hat.

SUTER   … den europäischen Winter in Goa und den europäischen Sommer auf Ibiza verbringt. Nein, ich war einfach ein Feriengast und habe über diesen Freund auf Ibiza auch Margrith kennengelernt. Nachdem wir einander vierzehn Jahre kennengelernt hatten, haben wir geheiratet, vor etwas über dreißig Jahren. Und schließlich haben wir in den achtziger Jahren, den späten achtziger Jahren, in der Altstadt von Ibiza einen Hausteil gekauft und haben, als ich aufhörte, Werbetexter zu sein, und anfing, Schriftsteller zu werden, da gewohnt. Margrith hat zu der Zeit eine Modekollektion gemacht, auch von dort aus eine Weile, und dann begonnen, Häuser zu bauen. Und das schönste Haus hat sie für uns auf Ibiza gebaut.

STUCKRAD-BARRE   Sie ist Architektin?

SUTER   Ja. Also sie war Modedesignerin und wurde Architektin, und sie hat auch das Haus in Guatemala gebaut, auch für andere Leute hat sie Häuser gebaut. Das schönste, das von Ibiza, haben wir aber inzwischen verkauft. Während über zwanzig Jahren haben wir die Hälfte des Jahres auf Ibiza verbracht. Niemand hat uns je von einem Schiff geworfen, und trotzdem sind wir dort hängengeblieben.

STUCKRAD-BARRE   Also zum einen hat es diesen Hippie-Aspekt, Ibiza, aber heutzutage hat sich das ja so komisch aufgelöst zu einer Modemöglichkeit von vielen. Er ist kaum noch in seiner orthodox ideologischen Form anzutreffen, der Hippie, also in Vollerfüllung des Rollenklischees.

SUTER   Ja, doch, es gibt schon Kolonien. Also ich kenne viele.

STUCKRAD-BARRE   Ja, aber neben dem klassischen Hippietum ist auf Ibiza inzwischen zu bestaunen der folgende Binnenwiderspruch: Hippies mit Geld. Das zählt irgendwie nicht so richtig.

SUTER   Es gibt schon solche, die kein Geld haben.

STUCKRAD-BARRE   Das ist meine Gang dann.

SUTER   Oder die mit sehr wenig Geld leben.

STUCKRAD-BARRE   Das wiederum tue ich nicht. Das andere ist aber dieser seltsame Schaumparty-Aspekt Ibizas, dieses Zigarrengedröhne und Getränkekühlkübelgeprotze in so abgekordelten Todeszonen. Dieser ganz, ganz berühmte Club Pascha, den ich natürlich niemals je betreten werde, an dem ich immer bloß in einem Kreisverkehr vorbeifuhr und fand, daran vorbeizufahren, das ist die einzig würdewahrende Form, sich zu diesem Tristessetempel zu verhalten.

SUTER   Wahrscheinlich schon.

STUCKRAD-BARRE   Warst du jemals da drin, im Pascha?

SUTER   Ich war die ganze Zeit …

STUCKRAD-BARRE   Im Pascha?

SUTER   … seit 1975 nie in einer Disco. Das ist seltsam, ja.

STUCKRAD-BARRE   Nö.

SUTER   Aber gar nicht aus ideologischen Gründen. Es war einfach nur der Teil von Ibiza, der mich nie besonders oder überhaupt nicht interessiert hat. Ich war mehr an der Natur, der Landwirtschaft, der Architektur und so interessiert, und ich habe dort eine Art Schriftstellerdasein gepflegt. Ein Schriftsteller mit ein bisschen Landwirtschaft.

STUCKRAD-BARRE   Ach ja, das Pflegen des Schriftstellerdaseins. Mehr als die Landwirtschaft gehört allerdings der Nacht- und Club-Aspekt in der von mir gepflegten Daseinsform dazu, ich nenne es vornehm »Recherche«, und damit ist gewiss nicht der Ibiza-Pascha-Aspekt gemeint. Ach, keine Ahnung – möglicherweise ist es ganz,

ganz toll da, und wir beide werden es niemals erfahren. Was ich als sehr entspannend empfinde.

SUTER Ich weiß nicht, welche Art von toll. Also sicher, auf eine Art toll ist es schon, aber eine Art von toll, die ich selber nicht so toll finde. Das gibt's ja auch, oder? Wenn du in der Hochsaison in ein Flugzeug steigst, sei das in Berlin oder in Zürich, dann ist das voll von Leuten, die das toll finden, schon bevor sie ins Flugzeug einsteigen.

STUCKRAD-BARRE Also man kann das Wort »toll« eigentlich nicht besser aussprechen, als du gerade, um sämtlichen Anspruch auf den Wortwert zu zerpulvern. Also »toll«, so intoniert, ist ja wirklich nur bedrohlich.

SUTER Toll ist aber ein altmodisches Wort geworden.

STUCKRAD-BARRE Ja, sehr. Auch Disco ist ein altmodisches Wort.

SUTER Man sagt jetzt nur noch Klub, oder?

STUCKRAD-BARRE Man sagt Club. Aber man sagt es mit C.

SUTER Und man sagt jetzt nur noch mega, oder?

STUCKRAD-BARRE Das kommt so ein ganz bisschen aufs Umfeld an. Ich dachte, »mega« sei lang überstanden. Aber gerade hörte ich es deine Tochter wieder sagen. »Mega!« In der Schweiz sagt man ja auch: »'s isch huere geil.«

SUTER Huere geil, ja. Da treffen ein altmodisches und ein modernes Wort aufeinander. Wobei, »geil« gibt's ja auch schon lange, aber da hat sich die Bedeutung geändert. Vielleicht ist das die Chance von »toll«.

STUCKRAD-BARRE Ein Comeback in anderer Bedeutung? Vielleicht können wir daran arbeiten, an einem Comeback des Wortes »toll«.

SUTER   Wollen wir das?

STUCKRAD-BARRE   Unbedingt. Da würde ich sofort eine Gesellschaft gründen, zur Pflege und Erhaltung von »toll«.

SUTER   Wollen wir dieses Gespräch anstatt »Ibiza« vielleicht »toll« nennen? Oder »tolles Ibiza«?

STUCKRAD-BARRE   »Ibiza ist toll«.

SUTER   Okay.

STUCKRAD-BARRE   Oder: »Das Pascha ist bestimmt toll.«

SUTER   Also, beim ersten Mal Ibiza bist du vom Schiff geflogen – und auch beim zweiten Mal war es schattig, sagtest du vorhin.

STUCKRAD-BARRE   In der Tat. Ich bin dort mit einer Frau gewesen und …

SUTER   Die war sicher toll.

STUCKRAD-BARRE   Ja, schon, aber speziell auf Ibiza dann konnte oder wollte sie diese Seite ihres Wesens nicht so zeigen, mir zumindest nicht. Und sie ist dann früher abgereist, also da war es dann alles nicht mehr ganz so toll.

SUTER   Aha.

STUCKRAD-BARRE   Also im Grunde musste ich dieses Mal auf dem Schiff bleiben. An Land zwar, im Hause dieses Notgemeinschaftskumpanen, das aber auf hoher See, auf eine Art.

SUTER   »Gefühlt«, wie man heute sagt.

STUCKRAD-BARRE   Es war alles so schrecklich. Aber du lachst. Das ist natürlich auch immer richtig.

SUTER   Entschuldige bitte. Ich finde das natürlich nicht lustig, wenn die Frau früher abreist.

STUCKRAD-BARRE   Aber da greift auch wieder Max Frisch, glaube ich. Der greift ja sowieso immer.

SUTER   Hat sie die Handtasche vergessen, wie in *Montauk*?

STUCKRAD-BARRE   Ja, Moment, darauf komme ich gleich noch gesondert, auf das Sachenvergessen. Was für ein spektakulärer Cliffhanger, nicht? Gleich sage ich, was sie vergessen hat! Wenn ich's nicht vergesse. Bei Max Frisch also heißt es: »Krise ist ein produktiver Zustand. Man muss ihr nur den Beigeschmack der Katastrophe nehmen.« Toll! Nicht?

SUTER   Also, das kann man auch banaler sagen: Man soll die Krisen nicht so ernst nehmen.

STUCKRAD-BARRE   Ja, das ist genau mein Fehler: Ich nehme Krisen sehr, sehr ernst, geradezu PERSÖNLICH. Na ja. Was wurde nun vergessen wie die Handtasche in *Montauk*? Es waren neongelbe Badeschlappen, auch Badelatschen genannt. Zunächst: Auch ich lehne beide Wörter, samt der zugehörigen Idee von Kleidungsangemessenheit, dramatisch ab.

SUTER   Da bin ich jetzt aber beruhigt. Traurig aber machen sie dich trotzdem, diese Dinger. Hat sie sonst noch etwas zurückgelassen? Also außer diesem etwas fragwürdigen Schuhwerk – und natürlich dir?

STUCKRAD-BARRE   O ja. Es sind ja immer so uneigentliche Sachen, die den Schmerz verursachen, weil sie die Vernichtung des liebgewonnenen gemeinsamen ALLTAGS versinnbildlichen – also, wegen eines zurückgelassenen Ringes oder so zu weinen, das ist ja lächerlich, das geht ja praktisch nicht. Sonst ist man ja wirklich in einem deutschen Fernsehfilm. Nein, viel tragischer: die Aufladehalterungsapparatur für eine elektrische Zahnbürste.

SUTER   Das heißt, als die Batterie ihrer Zahnbürste dann irgendwann leer war, musste sie wohl eine alte Zahnbürste benutzen. Und du warst nicht mehr dabei.

STUCKRAD-BARRE   Ja, dann muss man sich neu orientieren auf dem Zahnbürstensektor. Und noch etwas hatte sie dagelassen im etwas trubeligen Aufbruch, etwas, das ich ihr zwar geschenkt hatte, aber nun vielleicht behalte. Unedle Rachegefühle spielen da leider mit hinein, Kleinkariertheit, Spießertum. Das ist ja das Furchtbare nach Beendigung solcher Liebeleien: dass man dann so Sachen tauschen muss. Sich noch mal treffen. Sich ganz souverän umarmen und gegenseitig aller möglichen Vorwürfe entlasten. Wenn das problemlos geht, zu einem frühen Zeitpunkt schon, dann war es sowieso alles nix.

SUTER   Ja, so Geschenke, die darf man behalten. Es wirkt ziemlich aggressiv, wenn man Geschenke zurückgibt.

STUCKRAD-BARRE   Ein weiteres Geschenk an sie, das sie auch nicht mitgenommen hat, habe ich dann einfach dortgelassen. Wegschmeißen wäre pathetisch gewesen, und es mitzunehmen, ihr wohl gar noch hinterherzutragen, das wäre ganz und gar demütigend gewesen.

SUTER   Ja, puh, dann …

STUCKRAD-BARRE   Ich empfinde dieses Sachen-Austauschen immer als einen tieftraurigen, sogar das zurückliegende Schöne noch nachträglich versauenden Vorgang. Wie wenn vor einem Fußballspiel die Vereinswimpel ausgetauscht werden zwischen den Kapitänen – nur eben andersherum, denn das Spiel ist ja vorüber.

SUTER   Ja, aber wenn du verlierst und sauer bist darüber, dann gibst du den Wimpel zurück, oder? Oder gilt man dann als ein schlechter Verlierer?

STUCKRAD-BARRE   Ein bisschen, ja.

SUTER   »Hier hast du deinen Scheißwimpel wieder zurück.«

STUCKRAD-BARRE   Wimpel ist ein seltsames Wort übrigens.

SUTER   Man tauscht ja auch nicht immer die Trikots, oder?

STUCKRAD-BARRE   Das hätte ich mal machen sollen mit ihr, Trikots tauschen. Das wäre ein guter Abgang gewesen. Also auf meinem stand »Pascha Ibiza«. Wirklich wahr, das hatte ich mir gekauft. Aus Protest natürlich! Man könnte auch sagen: aus Dummheit.

SUTER   Du bist aber jetzt sehr hart mit dir selbst. Sehr negativ, dunkel. Sollen wir vielleicht schnell das Thema wechseln?

STUCKRAD-BARRE   Gern. Reden wir doch einfach jetzt konzentriert über Pascha-Merchandisingmüll, das hilft bestimmt! Überall in Ibiza-Stadt und auf Ibiza gibt es ja so Läden, in denen man dieses grässliche Pascha-Zeugs kaufen kann, bedruckt, bewebt, beprägt mit diesem schauderhaften Pascha-Logo: Kirsche und Schriftzug. Entsetzlich. Musste ich natürlich dringend haben. Da gibt's alles, Handtücher, Becher, Kissen – sogar ein Monopolyspiel, ein eigenes Pascha-Monopoly.

SUTER   Ein Pascha-Monopoly, ja, da möchte ich jetzt aber wissen, welches die teuersten Straßen sind. Und was baut man da wohl hin? Einen Club wahrscheinlich. Mit C natürlich, wie ich jetzt gelernt habe.

STUCKRAD-BARRE Eher wenig Olivenbäume, vermute ich. »Gehen Sie in das Gefängnis« könnte vermutlich beibehalten werden. Aber aus der Verliererstraße schlechthin, der Badstraße, wurde vielleicht eine Luftmatratze.

SUTER Ja, das kann schon sein. Margrith, meine Frau, die war mal im Amnesia. Und zwar, als das gegründet wurde, da saß man so am Rand und tanzte ein bisschen zur Musik. Jetzt ist das Amnesia ja offenbar die bessere Disco als das Pascha, sagt man. Auch da war ich nie drin, aber ich kenne es von außen. Wenn ich von unserem Haus in die Stadt gefahren bin, führte die Straße am Amnesia vorbei. Und wenn man so um acht Uhr früh da entlangfuhr, da machte das Amnesia wohl gerade zu, und die Besucher torkelten nach Hause. Das kommt in meinem neuen …

STUCKRAD-BARRE *Allmen und der Koi* vor.

SUTER Spielt alles auf Ibiza.

STUCKRAD-BARRE Die ISBN-Nummer allerdings, die weiß ich jetzt nicht auswendig. Ich bin auch nur ein Mensch, Martin – viele wird das überraschen. Dieser Fehler ist mir unterlaufen, ja. DA STEHE ICH AUCH ZU, wie man sagt. Können wir das vielleicht auch mal besprechen, dieses: »Und ich stehe da auch zu«, diese Todesformulierung? Das wird ja im sogenannten Brustton der Überzeugung in völlig egalen Zusammenhängen immerfort verwendet: Das stehe ich auch zu. Wenn das jemand sagt, dass er zu irgendwas auch steht, also, da lege ich mich dann lieber hin. Wir beide legen uns auf Ibiza, in Ibiza hinein, jedoch auf keinen Fall ins Pascha, richtig? Wobei – vielleicht sollten wir da doch mal zusammen hingehen.

SUTER Auf gar keinen Fall. Es war für mich auch nie der reizvolle Mythos, das magische Haus. Nein. Für mich gehört das Pascha einfach zu den Gebäuden, die es dort gibt, aber …

STUCKRAD-BARRE Folgenlos für dich.

SUTER … es war nicht so verlockend für mich, dass ich dachte: Jetzt muss ich endlich mal ins Pascha! Oder so.

STUCKRAD-BARRE Das wäre auch ein bisschen traurig.

SUTER Wieso lädt mich nie jemand ins Pascha ein? Oder so.

STUCKRAD-BARRE Gut, wichtiger ist dir die Landwirtschaft, die wir, glaube ich, als einzelnes Thema noch mal besprechen müssen. Viel zu interessant ist, was aus der Olive werden kann.

SUTER Musikalisch habe ich natürlich schon einiges mitgekriegt auf dem Land, weil die Diskotheken so laut Musik machen, dass man es über Kilometer hört. Und die Musik, die ist inzwischen ja nicht mehr die Musik, die ich gerne höre. Das ist ja diese … diese automatische Musik, oder?

STUCKRAD-BARRE Ein schöner Begriff dafür: automatisch. Ja.

SUTER Ja, die läuft immer gleich.

STUCKRAD-BARRE Das ist natürlich völliger Unfug, Martin, dass das immer gleich wäre, wiewohl das Repetitive durchaus ein wichtiges Element ist in der elektronischen Musik. Aber wenn nun du dich damit wahnsinnig gut auskennen würdest, das wäre ja ganz und gar tragisch. Das tue ja schon ich längst nicht mehr.

SUTER Da bin ich beruhigt. Ich finde auch, damit sollte

man irgendwann aufhören, mit diesem Sich-Auskennen, das macht einen nur noch älter, finde ich. Da kommen dann die Jüngeren dran, und das ist auch gut so. Aber diesen heutzutage offenbar zumeist sehr dominanten Bass, den konnte ich gar nicht nicht mitkriegen auf Ibiza. Bis weit zu uns aufs Land wurde der getragen, bis ins Schlafzimmer natürlich auch.

STUCKRAD-BARRE   Ja, der kommt weit, so ein Bass. Diesbezüglich ein Held ist der Mann, der unter mir wohnt in Berlin, ein wirklich sehr, sehr netter Mann, der allen Grund hätte, sich über jeden Aspekt meines Wohnens zu beschweren, da hätte er wirklich alles Recht dazu. Tut er aber nicht. Er ist ganz freundlich und großzügig, hat einmal nur, bei einer zufälligen Begegnung im Treppenhaus, höflich angemerkt: »Die Musik ...« Ja, entgegnete ich, ja, ich weiß, es ist zu laut, es ist viel zu laut. Darauf er: »Bässe, man hört nur Bässe, es kommen bei mir nur Bässe an.« Und das klang für mich gleich wieder so schön als Beschreibung von Musik. Das hätte ich auch gerne, nur Bässe. Aber in dem Moment war mir das natürlich peinlich, gerade weil er so nett blieb, so freundlich. Und seitdem habe ich unter meine Lautsprecher Handtücher gelegt, weil ich mir einbilde, dass das ...

SUTER   Die Bässe schluckt? Interessant. Vielleicht hat er nicht gerne Bässe ohne die hohen Töne. Vielleicht müsstest du das einfach so einstellen, dass auch die hohen Töne für ihn gut zu hören sind.

STUCKRAD-BARRE   Vielleicht einfach ihm auch eine Box zur Verfügung stellen, Bluetooth-verbunden?

SUTER   Warum nicht? Frag ihn mal! Wenn du nur die

Bässe hörst, kann es quälend sein. Das hat mich auf Ibiza besonders genervt, dieses isolierte Wummern: Wumm! Wumm! Wumm! Dabei wäre vielleicht …

STUCKRAD-BARRE   Aha, noch eine Melodie dazu.

SUTER   … eine Melodie dazu vielleicht …

STUCKRAD-BARRE   Das ist eine gute Anregung. Also: Handtuch weg, Höhen rein.

SUTER   Handtuch weg, Höhen rein.

STUCKRAD-BARRE   Mit dieser Parole würde ich sofort auf die Straße gehen, meinetwegen bis nach Karlsruhe! Also ich finde es bei Demonstrationen oft ein bisschen schwierig, mich da so hinter Schildern und den darauf zu lesenden Individualleiden zu versammeln, generell Schilder, wenn es nicht die von Obelix und Majestix sind: nix für mich. Aber »Bässe raus, Höhen rein!«, dahinter würde ich mich begeistert einfinden.

SUTER   Ja, vielleicht ist es die Stimme von Lady Gaga, die er vermisst. Du hörst das schöne Lied, teilst aber nur die Bässe mit der Nachbarschaft.

STUCKRAD-BARRE   Aha. Mein Fehler. Es muss noch lauter werden.

SUTER   Du kannst die Bässe ja ein wenig zurücknehmen und die Höhen ein bisschen voller aufdrehen. Das kannst du ja so mischen.

STUCKRAD-BARRE   Gut, dann mache ich das so.

SUTER   Ich nehme an, du hast eine Anlage, die mehr als nur einen Knopf für laut und leise hat?

STUCKRAD-BARRE   Nein, die steht im Keller. Eigentlich kommt es vom Telefon oder vom Computer und läuft in so Boxen hinein, die man nur lauter und leiser stellen kann. Verstärker oder Equalizer gibt es nicht mehr. Na ja, gibt's schon weiterhin, haben aber eigentlich nur noch Verrückte. In meiner Jugend haben diese Gerätschaften eine große Rolle gespielt, und wir alle dachten, dass wir alles mischen können und auch müssen – dass das im Grunde nur Vorschläge sind, die Mischungen aus den Abbey Road Studios oder so.

SUTER Das ist wahr, es ist ja schon perfekt gemischt vom Produzenten der Musik. Das schon, aber natürlich nicht …

STUCKRAD-BARRE Natürlich nicht für meinen Nachbarn.

SUTER … nicht in Hinblick auf den, nein. Ja, gut. Also – Ibiza.

STUCKRAD-BARRE Ibiza.

SUTER Das ist eigentlich wie mit deinem Nachbarn: zu laute Bässe …

STUCKRAD-BARRE Zu wenig Höhen.

SUTER … das ist Ibiza. Ja, wenn ich Ibiza musikalisch beschreiben müsste, würde ich das nur mittels Bässen tun.

STUCKRAD-BARRE Ich finde, auch die Natur dort hat oder ist eine Art Generalbass. Ich versuche das gerade zu einer These auszuarbeiten, merke jedoch, es haut nicht hin.

SUTER Versuch's nur weiter! Nicht so schnell aufgeben, mein Freund.

STUCKRAD-BARRE Haut nicht hin, nein. Höhen rein, Bässe raus, das ist, was wir von Ibiza fordern. Gut.

SUTER Und auch von deiner Wohnung.

STUCKRAD-BARRE Okay, ja. Meine Wohnung ist ja im Grunde Ibiza IN EINER NUSSSCHALE. Stimmt übrigens auch schon wieder nicht. Überhaupt nicht. Heute ist wohl Tag der großen Thesen bei mir – und es kommt nur Unsinn. Eigentlich also: alles wie immer.

SUTER Wie immer? Hm. Toll.

Verschwunden in Palma

Cheng betrat den Frühstücksraum und nahm Platz. Da bemerkte er den Blick der Frau. Wobei der Blick weniger ihm selbst galt, sondern dem Hund an seiner Seite. Der Hund, der zu seinen Füßen lag und sich wie eine schläfrige Schnecke zusammengerollt hatte.

Ein Hund freilich, der schon lange tot war.

Es geschah selten, aber es geschah, dass Menschen, wenn sie zu Cheng schauten, für einen Augenblick diesen Hund an seiner Seite wahrzunehmen schienen. Manche nur ganz kurz, andere etwas länger, um dann doch festzustellen, sich getäuscht zu haben. Dass also jenes Tier, von dem sie gerade noch meinten, es erblickt zu haben, gar nicht vorhanden war. Ein stämmiger Rüde mit sehr kurzen Beinen und langen, spitz zulaufenden Schlappohren sowie einer Schnauze, die wegen des dort weiß gewordenen Fells aussah, als rage ein Zuckerhut aus seinem Gesicht. Und in dessen trüben Augen die Blindheit von jemandem steckte, der wirklich schon alles einmal gesehen hatte und nicht fand, er müsse sich das ein zweites Mal antun. Genau so ein Hund war das.

Markus Cheng hatte ihn, der einst den Namen Lauscher getragen hatte und vor vielen Jahren hochbetagt entschlafen war, seit dessen Tod weder gesehen noch irgendwie gespürt. Und dennoch fiel ihm immer wieder auf, wie fremde

Leute in einer Weise an ihm, Cheng, heruntersahen, die sich eben nur dadurch erklären ließ, dass diese Leute für einen Augenblick dachten, da befinde sich ein kleines Wesen zu seinen Füßen.

Klar, ein kleines Wesen war nicht automatisch ein Hund. Aber die Art der Blicke ließ eigentlich nur einen Hund zu. Hätte es sich um eine Schlange, einen Hasen oder ein Kind gehandelt, die Gesichter der Leute hätten einen anderen Ausdruck besessen. Wenn Menschen Hunde betrachteten, dann lag sofort ein tiefes Verständnis in ihrem Schauen. Ein Verständnis für die Gestalt und das Wesen dieser Kreatur. Als würden sie die Natur der Hunde besser durchschauen als die eigene. Erstaunlicherweise besitzt dieser Ausdruck tief gehenden Begreifens aber auch eine etwas trottelhafte Note. Wie man das wiederum von denen kennt, die frisch verliebt sind. Der menschliche Blick auf den Hund erscheint als eine Kombination aus Wissen und Liebe. Man könnte auch sagen: Bildung und Torheit.

Und genau einen solchen Blick bemerkte Markus Cheng, als er sich an einem Tisch im Frühstücksraum des Hotels niederließ. Die Frau drüben am Fensterplatz war der einzige andere Gast zu dieser noch frühen Morgenstunde.

Das war so eine neue Unart in seinem nun fünfeinhalb Jahrzehnte währenden Leben, nämlich viel zu zeitig aufzuwachen und dann trotz aller Müdigkeit und dem Gefühl des von der bisherigen Nachtruhe völlig Erschlagenen einfach nicht mehr zurück in den Schlaf zu finden. Um fünf Uhr spätestens war alles vorbei und jegliche Rückkehr eine

Illusion. Eher um vier oder davor. Eine Weile hatte er dagegen angekämpft, hatte auf eine geradezu wütende Weise versucht, zurück in seinen Schlaf zu finden, wie einer, der gegen die Türe trommelt und Einlass fordert. Dann aber hatte er eingesehen, dass es wohl am besten war, einfach aufzustehen und die Schönheit und den Schrecken dieser frühen Stunde in aufrechter Haltung zu erleben. Die »Stunde des Wolfs«, wie sie bei Ingmar Bergman heißt und in der angeblich die meisten Menschen sterben und die meisten geboren werden, was einen eigentümlichen Widerspruch ergibt, weil in dieser Zeit die Welt geradezu stillzustehen scheint und rein gar nichts geschieht.

Cheng kam es so vor, als höre er in all der Stille den Planeten, auf dem er stand, an den Leitplanken des Weltraums entlangschrammen. Und er begann nun den viel zu frühen Tag damit, Gymnastik zu treiben. Einarmige Gymnastik, denn Markus Cheng hatte in den Neunzigerjahren des zwanzigsten Jahrhunderts seinen linken Arm verloren. Und einige andere Verletzungen davongetragen. Im Zuge eines schweren Sturzes war der heruntergerissene Teil seiner Gliedmaße in eine Gletscherspalte geraten und nicht wieder aufgetaucht. Somit war es theoretisch sogar möglich, dass man Cheng irgendwann mitteilen würde, man hätte seinen im Eis gut konservierten Arm gefunden.

Und was dann? Hätte er den Arm beerdigen oder ihn in irgendeiner Weise präparieren lassen sollen? Gab es überhaupt Verordnungen für Körperteile, die nach so langer Zeit zu denen zurückkehrten, an denen sie ursprünglich festgewachsen waren? Das war lächerlich. Wenn es nach

Cheng ging, durfte der Arm für immer verschwunden bleiben. Er hatte sich an den Zustand der Einarmigkeit bestens gewöhnt und bezweifelte, dass selbst eine wundersame Heilung ihn glücklich gemacht hätte. Darum war für ihn auch nie eine Prothese infrage gekommen. Eine Prothese wäre ihm im Wege gewesen, während der leere Raum, der durch das Fehlen von Unterarm, Ellbogen und einem kleinen Stück des Oberarms entstanden war, zu einem wesentlichen Teil seiner selbst wurde. Ein kleines Reich, ein kleiner Himmel am senkrecht stehenden Horizont seiner linken Flanke. Weshalb er auch stets darauf achtete, dass der lose Ärmel eines Jacketts oder eines langärmeligen Hemds in eleganter Weise nach oben gefaltet und befestigt war. Im Grunde wie ein angehobener Vorhang, der den Blick auf »Chengs Himmel« freigab, diese sphärisch gefüllte Leerstelle seines Körpers. Sie bildete zudem einen bedeutenden Aspekt seiner Noblesse. Es gab wenige Männer, die einen Anzug so gut zu tragen verstanden wie Cheng. Wofür der fehlende Arm und der in der Folge hinzugekommene Himmel von großer Bedeutung waren. Es war der entscheidende Punkt in Chengs Leben, erst im Zuge verschiedener Verluste und Einschränkungen das Gefühl entwickelt zu haben, komplett zu sein.

Wenn Cheng sich mitunter dachte, die Katastrophen seiner mittleren Jahre, die ihn einen Arm gekostet und ihm einen Himmel beschert hatten, wären einer Art von schriftstellerischer Intervention zu verdanken gewesen – vor allem ein Jahre zurückliegender Fall, bei dem er im wirklich allerletzten Moment aus einem Hohlraum unterhalb eines mit Wasser gefüllten Bassins gerettet worden war –, so galt das für sein aktuelles Leben rein gar nicht. Man könnte sagen: Er war fertiggeschrieben worden. Wer oder was auch immer einst daran Interesse gehabt hatte, einzuwirken, schien das Interesse verloren zu haben. Was nichts daran änderte, dass Cheng weiterhin im doch sehr literarisch angehauchten Detektivgeschäft arbeitete. Aber was hätte er auch sonst tun sollen? Die Detektivarbeit entsprach am besten seiner Persönlichkeit. Es widerstrebte ihm, innovativ zu sein, unternehmerisch. Er bevorzugte es, etwas bereits Stattgefundenem auf den Grund zu gehen. Natürlich, manche Geschichten waren an Banalität kaum zu überbieten, aber das gehörte dazu: der Ehebruch, der Erbstreit, böse Nachbarn, böse Kinder, der Schrecken des Alltags mit seinen Lügen und Heimlichkeiten und immer wieder dem Blick aufs Geld.

Was Cheng ebenfalls deutlich spürte, war, dass sein eigenes Leben langsam zu Ende ging. Aber eben nicht im Zuge einer schweren Krankheit oder eines Unfalls, bei dem sich noch etwas mehr von seinem Körper abgetrennt hätte als lediglich ein Unterarm. Nein, es bestand keinerlei Vorahnung, die das exakte Wesen seines Abschieds von der Welt beschrieben hätte. Cheng erkannte einfach das Ende der Straße, auf welcher er sich bewegte. Er konnte es deutlich sehen. Wobei es gar nichts genutzt hätte, auf ein und derselben Stelle herumzuzappeln oder mittels rückwärtigem Salto zu versuchen, hinter die eigene Position zu gelangen und ein paar Zentimeter zu schinden. Für Saltos fehlte ihm die Sprungkraft, und ein Herumgezappel hätte nur dazu geführt, dass das Ende der Straße gezwungen gewesen wäre, sich seinerseits auf ihn zuzubewegen. Doch eine Straße zwingen, sich zu bewegen, war schlichtweg unwürdig. Nein, er sah keine andere Möglichkeit, als ohne Zuversicht, aber mit einiger Gelassenheit gerade Schritte in Richtung auf jenes sichtbare Ende der Straße zu machen, auch wenn er dabei ganz leicht hinkte, ebenfalls die Folge eines einstigen Unfalls. Doch sein Hinken war wiederum ein Äquivalent zum *Himmel* an seiner Hüfte, nämlich eine in seinen Gang integrierte kleine *Welle*.

Gymnastik um vier also. Während die sich drehende Erde ein wenig knirschte. Ein langer Morgen. Gymnastik, dann Fernsehen, dann Dusche, dann auf dem Balkon stehen und dem Tag zusehen, wie er auf die Beine kommt.

Drei Stunden später betrat Cheng den Frühstücksraum, überblickte das Ambiente mit den vielen leeren Tischen, den weißen Tischtüchern, den spitz in die Höhe gefalteten Servietten und dem lang gestreckten Buffet, an dem soeben eine Servierkraft letzte Hand anlegte. Den anderen Gast, die Frau am Fenster, bemerkte er erst, als er selbst in der Mitte des Raums Platz genommen hatte. Es war dies die einzige Stelle, die im Schatten lag – ein schmaler Sektor –, während die übrigen Bereiche von den Strahlen der tief stehenden Morgensonne geradezu lackiert schienen. Cheng war kein Freund direkter Sonneneinstrahlung. Er bevorzugte das Halbdunkel.

Und in einem solchen bevorzugten Halbdunkel saß er nun und nahm den Blick der Frau wahr. Sie schaute in diesem Moment von der Stelle, an der sich Chengs *Himmel* befand, abwärts zu den Beinen, dorthin, wo es sich der Hund Lauscher wohl gemütlich gemacht hätte. Wäre seine Anwesenheit im Hotel überhaupt erlaubt gewesen.

Was nicht der Fall war. Tiere waren in diesem Fünf-Sterne-Palast nicht zugelassen. Doch gegen unsichtbare Tiere bestand natürlich keinerlei Handhabe.

Der Blick der Frau war nicht ungebührlich. Sie hatte bloß das Tier bemerkt. Und bald darauf begriffen, sich getäuscht zu haben. Vielleicht auch begriffen, es handle sich in Wirklichkeit um das Echo eines Hundes. Einen Nachhall. Ein umrissartiges Nachglühen. Etwas in dieser Art. Sie war aber sicher nicht die Frau, die von einer Aura gesprochen hätte. Jedenfalls betrachtete sie Cheng und seinen toten Hund nicht länger, als es brauchte, der eigenen kleinen Überraschung Platz einzuräumen. Und sich gleich darauf wieder der Realität ihrer Kaffeetasse zu widmen.

Wenig später erhob sie sich. Aus dem Gespräch mit einem Kellner war herauszuhören, sie plane, im Meer schwimmen zu gehen.

Das war nicht ganz so überraschend wie ein unsichtbarer Hund, aber doch ungewöhnlich, immerhin schrieb man Ende Januar. Ende Januar auf Mallorca. So kräftig die Sonne in diesen Frühstücksraum eindrang, im Meer draußen hatte es dreizehn, maximal vierzehn Grad. Zudem war die See trotz wolkenlos blauem Himmel recht unruhig.

Wie kalt auch immer, etwas später konnte Cheng – während ihm der Kellner soeben eine zylindrische Rühreikreation servierte – durch eine der Fensterscheiben weit drüben im Meer eine kraulende Person erkennen, vielleicht die Frau von vorhin, vielleicht ein anderer Kaltwasserfanatiker. Auch meinte er zu beobachten, wie die schwimmende Person an Bord eines Segelboots ging.

Es brauchte ihn nicht zu kümmern. Er vertiefte sich

jetzt ganz in sein Frühstück, angeblich eines der weltbesten Frühstücke, wenn man der Werbung des Hotels glauben durfte. Und er mochte es gerne glauben.

Es war kein Auftrag, der ihn hierher geführt hatte, nach Cas Català, einem Vorort von Palma. Vielmehr war er dem Bedürfnis gefolgt, ein paar Tage Urlaub zu machen. Urlaub war im Grunde etwas, das er persönlich kaum kannte, ausgenommen von einer Reise noch zu Studentenzeiten. Dabei hatte er schon einiges von der Welt gesehen, aber nie im Sinne einer Pause vom gewohnten Beruf.

Dennoch war ihm mit einer erstaunlichen Plötzlichkeit die Idee gekommen, zu verreisen, einen billigen Flug zu buchen und ein teures Hotel dazu. Nicht einmal eine ganze Woche, fünf Tage nur, für jedes Jahrzehnt seines gelebten Lebens ein Urlaubstag. Das sollte reichen. Wobei er sich im Grunde gar nicht für Mallorca entschieden hatte, sondern für dieses eine spezielle Hotel. Wäre das gleiche Haus auf Lanzarote gestanden, dann wäre er jetzt auf Lanzarote gewesen und hätte dort eine kunstvoll geschichtete Türmung verrührter Eier genossen.

Nach und nach füllte sich der Raum mit Gästen, ausschließlich Paare. Es ging sehr ruhig zu. Ein Schweigen und Flüstern, hin und wieder ein zurückhaltendes Lachen. Einige der Gäste nahmen draußen auf der Terrasse Platz, wo sie deutlich lauter sprachen. Auch Cheng wechselte ins Freie, an einen der Tische, die direkt an der niedrigen Brüstung standen und von wo man frei von Hindernissen auf das weite Meer sehen konnte. Cheng bestellte noch einen Kaffee und ließ sich Orangensaft einschenken.

Die Segeljacht von zuvor, auf die die kraulende Person sich begeben hatte, war verschwunden.

Es war etwas anderes, was seine Aufmerksamkeit anzog. Die Stimme des Mannes am Tisch hinter ihm. Er konnte den Mann also nicht sehen, der sich in diesem Moment mit einer Frau unterhielt, die genau in Chengs Rücken saß. Wie viele andere Gäste auch, sprachen die beiden Deutsch. Die Stimme des Mannes war so markant wie dunkel, dunkel in der Art der Dinge, die einen Übergang bilden. Also nicht die Nacht, sondern die Dämmerung. Nicht das Verbrannte, sondern das Knusprige. Nicht der Triumph, auch nicht die Niederlage, sondern eine Ahnung davon, was Triumph oder Niederlage bewirken können. So eine Stimme war das. Auch eine Stimme, die ungemein klar und deutlich ausfiel, dabei aber in keiner Weise laut und aufdringlich war.

Vor allem aber war es eine Stimme, die Cheng bekannt vorkam. Er benötigte eine Weile, um in der von Meeresgeräuschen und Frühstückstönen gefüllten Luft diese eine Stimme zu isolieren, dann aber war er sich sicher, sie aus diversen Filmen zu kennen. Es war die Stimme eines der populärsten und meistausgezeichneten Filmschauspieler unserer Zeit. Von ihm noch nie gehört zu haben war eigentlich undenkbar. Man musste schon blind und taub sein oder seit der Kindheit in entlegenster, fernsehfreier Wildnis gelebt haben, um rein gar nichts mit dem Gesicht und dem Namen dieses Mannes zu verbinden. Dieser Schauspieler war – wie natürlich einige andere Berühmtheiten auch – geradezu eine Naturerscheinung. Seine Präsenz war die der dahinziehenden Wolken, die man schließlich selbst dann bemerkt, wenn man sich wenig für Wolken interessiert und deren Chemie nicht versteht. Und es war mehr als passend, dass ein Asteroid nach ihm benannt worden war. Dieser Mann war fundamental. Dieser Mann und seine dunkle, jegliches Zwischenreich vertonende Stimme …

Stimme?

Cheng begriff seinen zwangsläufigen Irrtum. Und schüttelte den Kopf.

Denn es war ja nicht etwa so, dass der in Amerika lebende, aus England stammende und noch immer als englischer Schauspieler geltende Superstar auch die Synchronisation der eigenen Original-Stimme ins Deutsche übernahm. Davon hätte Cheng gewusst, weil die ganze Welt davon gewusst hätte. Nein, eine solche Zweisprachigkeit war definitiv nicht der Fall.

Dies konnte somit nur bedeuten, dass es sich bei dem Träger der Stimme, die Cheng hier und jetzt vernahm und die so unverkennbar und vielschichtig dunkel vom Nebentisch herüberschwang, um die sogenannte *deutsche Stimme* des weltberühmten Hollywoodschauspielers handelte. Oder aber um eine Person, die quasi als der phonetische Doppelgänger der ihrerseits berühmten Synchronstimme auftrat.

Nicht dass Cheng der Name des deutschen Schauspielers und Sprechers ein Begriff gewesen wäre. Wobei es sich natürlich ebenso um einen Österreicher hätte handeln können. Doch Cheng selbst war ja Österreicher, geborener, und auf eine verzweifelte Weise auch ein überzeugter Österreicher, jedenfalls war er sich sicher, dass, wenn in dieser Stimme irgendetwas Österreichisches gesteckt hätte – auch noch so verloren und noch so vergraben –, es ihm aufgefallen wäre. Aber da war nichts Österreichisches, nicht einmal etwas ehedem Österreichisches, das in ähnlich geisterhafter Weise auf ein geschehenes Leben verwiesen hätte wie im Falle von Chengs Hund. Einem Hund, den er selbst nicht sah, aber durchaus erkannte, dass andere ihn sahen.

Cheng frühstückte zu Ende, dann erhob er sich und verließ den Tisch. Und indem er dies tat, gewann er für einen Moment einen guten Blick auf den Mann, dessen Stimme ihm aus einer ganzen Reihe höchst populärer Filme vertraut war. Die Stimme schon, der Mann nicht. Er schien um die sechzig und besaß rein gar nichts von jener weltbekannten Naturerscheinung, für die er den deutschsprachigen Part übernahm. Kein schöner Mann also. Eher hässlich, allerdings auf eine interessante Weise. Es lag etwas Derbes in diesem runden Gesicht, eine ausgeprägte Fleischlichkeit, die eine hölzerne Qualität besaß. Als könnte Fleisch verholzen. Und wenn man wusste, dass die Verholzung von Pflanzen dazu diente, stabile Strukturen zu bilden, dann galt dies auch für dieses Gesicht. Cheng stellte sich vor, wie dieses Gesicht erst im Alter, erst im Zuge der Verholzung seinen prägnanten Ausdruck gewonnen hatte, wie es davor einfach nur schwammig gewesen war. Aus der Hässlichkeit dieses Gesichts – das gut auf ein Gemälde von Lucian Freud gepasst hätte und somit also immerhin die Wirkung eines englischen Gesichts besaß – leuchtete eine sympathische Beredtheit heraus, eine wort- und anspielungsreiche Erzählung des Lebens. Hätte dieses Gesicht einen Titel besessen, dann etwa einen wie *Der Mann, der bis zehn zählte, sich aber entschied, dass bis fünfzehn auch in Ordnung wäre.*

Cheng begab sich auf sein Zimmer, wo er sich ein weiteres Mal die Zähne putzte, wie nach jeder Mahlzeit, um sodann seinen Bart mit Öl einzureiben und zu frisieren. Der erste Bart seines Lebens. Und obgleich es hieß, Asiaten würde kein Bart oder zumindest kein richtiger Bart wachsen, so war es ein wirklich schönes Ding geworden, das da seine untere Gesichtshälfte dominierte. Ein durchaus europäisch zu nennender Bart. Ähnlich wie bei seinem Kopfhaar zeigte sich eine Mischung aus sehr schwarzen und vollkommen weißen Haaren, als wär's ein stark kontrastiertes Schwarz-Weiß-Foto. Wobei das eher vom Schwarz dominierte Kopfhaar einem Foto im Stile präziser Architekturfotografie glich, einem sehr geordneten Haus, sein Bart hingegen an ein Standfoto aus einem frühen Fritz-Lang-Film erinnerte, zum Beispiel *M – Eine Stadt sucht einen Mörder*. Denn so gleichmäßig gestutzt und an den Rändern präzise ins Linealistische rasiert dieser Bart auch war, fuhren die weißen Strähnen wie ein überraschend aufgezogener Sturm durchs schwarze Land. Ein Mörder, aber ein weißer Mörder, der eine schwarze Gesellschaft verstört.

Cheng achtete sehr auf diesen Bart, wie er insgesamt auf die eigene Person achtete und gänzlich diese gewisse Schlampigkeit seiner frühen Jahre zugunsten einer akkuraten Selbstbeschreibung aufgegeben hatte. Ja, es war wirklich so, dass er sich Tag für Tag *nachzeichnete* und diverse Korrekturen vornahm, ausradierte, nachstrich, präzisierte und bei alldem die Vorteile und Raffinessen des Alters und Alterns nutzte. Sein Gesicht, sein Bart, sein Anzug, sein fehlender Arm – und wie dies alles ein Bild ergab, das von Manet hätte stammen können. Unsigniert, aber von Manet.

Ein Manet von heute natürlich, ein Manet, der schon mal einen Fritz-Lang-Film gesehen hatte.

Den Vormittag verbrachte Cheng im hoteleigenen Wellnessbereich, besuchte die Sauna, ließ sich massieren, trug Früchte im Gesicht und Schlamm auf seinem Körper.

Als er sich mittags auf den Weg machte, um hinein nach Palma zu fahren, bemerkte er vom Balkon seines Zimmers aus, wie draußen auf dem Meer einige Boote hin und her fuhren. Es hatte etwas Militärisches. Wie bei einer Übung. Cheng begab sich hinunter in die Lounge, wo eine ganze Gruppe von Polizeibeamten stand. Jemand zeigte auf ihn. Es war der Kellner, der ihn frühmorgens bedient hatte. Cheng wurde gerufen, und man bat ihn, eine Aussage ebendieses Kellners zu bezeugen. Eine Aussage betreffs jener Frau, die früh am Morgen, noch vor Cheng, den Frühstücksraum betreten und beim Verlassen angekündigt hatte, zum Schwimmen ins Meer zu gehen.

Der kritische Punkt war, dass sie genau davon nicht mehr zurückgekommen war. Darum auch die Boote draußen, die nach ihr suchten. Was ja nur bedeuten konnte, einen Leichnam zu suchen und nicht etwa eine erschöpfte Schwimmerin.

Cheng bestätigte die Ankündigung der Frau, zum Baden ins Meer zu wollen, wie auch die Warnung des Kellners, dass es dafür eigentlich zu kalt sei. Zusätzlich aber konnte Cheng berichten, wenig später tatsächlich eine Person beim Schwimmen gesehen zu haben, höchstwahrscheinlich die gleiche Frau. Und dass er zudem beobachtet habe, wie sie an Bord eines Segelboots gegangen war. Was für ein Boot genau, könne er nicht sagen, dafür sei die Distanz dann doch zu groß gewesen. Ein Boot, das später, als er die Terrasse betreten hatte, nicht mehr zu sehen gewesen sei.

Mehr konnte Cheng nicht berichten und vermied es tunlichst, von seinem Beruf zu sprechen. Viele Polizisten empfanden Privatermittler als tendenziell kriminell, nicht nur in dem Sinne, eine irgendwie verbrecherische Kundschaft zu vertreten, sondern ganz grundsätzlich zur Gesetzwidrigkeit zu neigen. Die Peripherien des Rechts zu beschreiten. Ein wenig wie sie selbst, die Polizisten, aber illegitim.

Immerhin ließen die Beamten Cheng bald wieder in Frieden, während sich das Hotelmanagement ob der Unannehmlichkeiten untröstlich zeigte. Zugleich hatte Chengs Äußerung natürlich eine gewisse Erleichterung geschaffen. Die Frau schien nicht einfach untergegangen zu sein. Wenngleich es zunächst völlig mysteriös blieb, auf was für ein Boot sie gelangt sein sollte. Und vor allem, wieso sie von dort nicht zurückgekehrt war. Zurück zu ihrem Begleiter, mit dem sie ein Zimmer im Hotel bewohnte.

»Ich bin im Urlaub«, sagte sich Cheng und meinte das auch so. Die verschwundene Frau kümmerte ihn nicht. Sie war nicht sein Fall.

Er stieg in ein Taxi und ließ sich ins Zentrum von Palma fahren. Dort genoss er es, bei moderater Außentemperatur und einer Wärme, die noch nicht schwitzen machte, aber den Körper angenehm einhüllte, recht ziellos herumzuspazieren und in den Straßencafés zu sitzen. Noch sah man vor allem Einheimische, während die deutschen Touristen bloß eine kleine Vorhut bildeten.

Gegen Abend kehrte er ins Hotel zurück. An der Rezeption fiel kein Wort über die Ereignisse des Vormittags.

Doch er war sich sicher, hätte man die Frau gefunden, man hätte es ihm mitgeteilt.

Cheng ging auf sein Zimmer und legte sich aufs Bett, wo er kurz einschlief. So war das meistens. Ein Schlaf spät am Nachmittag, aus dem er sehr viel ausgeruhter erwachte als bei seinem allnächtlichen Dilemma viel zu weniger Stunden. Ein kurzer Schlaf, der sich anfühlte wie eine komfortable Parkbank im hintersten Winkel des Universums.

Aus dem Leben des Jaume Vadell

Wie sah Jaume Vadell aus? Nicht eine Information ist uns über ihn erhalten geblieben, allein seine Taten haben die Zeit überdauert und zeichnen sich ab, wie die hastigen Silhouetten und scharfen Konturen im chinesischen Schattentheater … Auf dieser sachlichen Spur, die zunächst so überzeugend, doch am Ende so trügerisch und zweideutig ist, kann man eine Art Porträt von ihm erahnen, das sicher willkürlich und zu archetypisch sein mag. Wird er ein großer Mann mit einem breiten, groben Gesicht, scharfsichtigen und wachsamen Adleraugen gewesen sein? Ich stelle ihn mir breitschultrig, mit starker Körperbehaarung und straffem Bizeps vor, berechnend und dreist; ein sanguinisches Wesen, so scheu wie gewalttätig. Vermutlich irrte er mit wachsender Gereiztheit durch die Kirche. Zur Untätigkeit verbannt, war er dem Drängen seiner Fantasie und seines Triebes noch stärker unterworfen. Ein von Natur aus räuberischer Vagabund.

So brach der erste Konflikt aus. Zwischen der Kirche und dem Pfarramt lag ein kleiner Garten, den die Mutter des Pfarrherren, eine dürre Alte mit einem ansehnlichen Kropf, pflegte. Es war Sommer, die Nächte warm und sternenklar, das Tal angefüllt mit dem Zirpen der Grillen und dem immer wiederkehrenden mystischen Klageruf des Uhus. Die

Frau, die in der Nähe schlief, hörte eines Nachts erstickte, heisere Schreie, ein unheimliches Rascheln im Gemüsebeet. Sie trat auf die Dachterrasse hinaus: Dort unten, zwischen den prächtigen Kohlköpfen und der zarten Petersilie, im bläulichen, klaren Mondlicht sah sie Jaume Vadell und seine Frau, nackt und unter Stöhnen und Lachen ineinander verflochten, ihre dicken, weißen Schenkel entblößt. Er hockte in der Mitte wie ein bedrohliches Tier der Finsternis … Die Alte wird erschrocken aufgeschrien haben.

Dies war der Beginn komplizierter Auseinandersetzungen voller gegenseitiger Schmähreden. Der Pfarrherr versuchte, die Gemüter zu beschwichtigen, die sich immer wieder aufs Neue erhitzten, wenn die Frau das verschlungene Paar antraf. Der Ärger verzehrte die Alte, und ihr Kropf schwoll an. Bald sah es so aus, als wüchse ihr ein Ballon anstelle des Halses. Der Chirurg des Dorfes, ein Barbier, öffnete ihr die riesige Beule: Ein schneller Wundbrand raffte sie dahin.

»Und heute haben wir meine Mutter der geweihten Erde übergeben. Sie ist gestorben an den Folgen des Kropfes und des Fluches, den uns der Herr in Gestalt des Turmwächters Jaume Vadell gesandt hat. Sie hat die Beichte abgelegt, die heiligen Sakramente erhalten und darum gebeten, dass am Tage des heiligen Joachim und der heiligen Anna ewige Messen für ihre Seele gelesen werden. Gott habe sie selig, Amen«, schrieb Pfarrherr Seguí mit zitternder Hand ins Kirchenbuch.

Danach wurde gemunkelt, Vadell komme des Nachts aus der Kirche, breche in die Häuser der Umgebung ein und überfalle zudem einsame Wanderer. Wie aus den Schriftstücken hervorgeht, die später über seinen Fall verfasst wurden, verlangte er »Brot, Öl und Geflügelfleisch, um sich selbst, seine Frau, seine beiden Kinder und den Jagdhund, den die besagte Familie versorgte, zu ernähren.« Pfarrer Gregori ermahnte ihn eines Tages streng, er solle sich bessern: Jaume Vadell fiel ihn an und ertränkte ihn beinahe im großen Taufbecken, das die Form einer gewaltigen, marmornen Muschel hatte.

Das entscheidende Unglück jedoch ereignete sich Mitte Oktober. Eines Nachmittags, als die Kirche verwaist dalag, kamen ein Witwer, Kürschner von Beruf, und seine vierzehnjährige Tochter namens Paula zum Gebet. »Blond« steht im Anklagetext, und ich sehe ein stilles Mädchen mit langen, dicken Zöpfen und blauen Augen vor mir … Nun, Jaume Vadell stürzte sich auf den Kürschner, schlug auf ihn ein, bis er reglos am Boden lag. Ebendort, in der Kapelle des heiligen Antonius, vergewaltigte er das Mädchen. Danach, vielleicht eine halbe Stunde später, kam eine Laienschwester: Der Kürschner war noch bewusstlos, und Paula, mit wirrem Haar und blutverschmierten Oberschenkeln, weinte in einer Ecke. Die Tür zum Glockenturm, die zur spiralförmigen Wendeltreppe führte, war von innen abgeschlossen …

Zuweilen denke ich an diese Begebenheit. Ich erinnere mich, es war an einem Nachmittag, als ich im Gericht davon las, wo mich der Gerichtsschreiber allein gelassen hatte. Der kurzsichtige Albert Balaguer war ein alter Freund meines Vaters, stets in Schwarz gekleidet, sein Rücken mit Schuppen übersät … Das verlotterte Büro ging auf eine steile, vom Winter fahle Gasse hinaus, durch die lediglich ab und zu ein alter Mann kam. Das Gesicht vor Kälte und Anstrengung verzerrt, kämpfte er gegen den Wind an ... Jetzt kommt mir die Erinnerung an jene Stunde und das Dokument wieder in den Sinn. Ich fühlte damals eine leichte Beklemmung, wie einen krankhaften, bittersüßen Hauch ... Kein anderes Schriftstück habe ich je über Paula gefunden, nicht einmal den Trauschein oder die Sterbeurkunde, obwohl ich danach gesucht habe. Paula gleitet durch diese Geschichte beinahe wie ein Seufzer, ein bildschönes und zerstörtes junges Mädchen, aufgelöst im Nichts ...

In der Nacht eilte der Richter zur Kirche. Vor dem großen prächtigen Portal mit den zwölf Aposteln, einem weiten halbkreisförmigen Bogen mit feierlichen bärtigen Reliefs, forderte er Jaume Vadell mit lauter Stimme auf, seinen Zufluchtsort zu verlassen und sich der weltlichen Justiz zu übergeben. Von den hohen Fenstern des Glockenturmes herab feuerte Vadell unter schallendem Gelächter einen Schuss aus seiner Büchse ab, der dem Richter den Schädel wie einen Granatapfel spaltete.

Angesichts der Schwere des Falles einigten sich königliche und bischöfliche Gewalt, und an einem Freitagmittag drangen der Gemeindevorsteher, ein Notar, der Pfarrer, der königliche Beamte, zwei Wachposten und ein Schreiber in die Kirche ein. Letzterer verlas im leeren Schiff, wo das Echo seiner Stimme tief und feierlich widerhallte, den Richterspruch, demzufolge der Bischof Jaume Vadell dem Vizekönig übergab. Niemand antwortete. Dreimal wiederholte der Schreiber das Urteil. Schweigen. Man begann mit der Durchsuchung der Kirche.

Im Protokollarchiv des Bistums ist in der Ermittlungs-akte nachzulesen: »… Desgleichen erkläre ich, dass wir in der Kapelle des Lieblichen Namens Jesu hinter und unter dem leeren Altar die Person des Turmwächters Jaume Vadell fanden, nur mit Hemd und Unterhosen bekleidet. Er kam von dort hervor und hatte einen Fellbeutel, Pul-vertasche und -flaschen, eine kleine Kalebasse mit Oliven, einen von Motten zerfressenen Umhang und einen gut er-haltenen Uniformrock, eine Strickleiter sowie eine Flinte bei sich, von der er sagte, er liebe sie mehr als sein eigenes Leben. Besagte, mit Pulver gefüllte Flinte wurde entladen, und in diesem Pulver gab es Schrotkörner und einen eiser-nen Würfel als Geschoss. In dem Fellbeutel wurde ein dün-nes, langes und grünliches Säckchen mit mehr als einem Pfund Schrotkörnern gefunden sowie ein Täschchen mit fünfundzwanzig Würfeln, sechs Ladungen Pulver und vier Patronen, die kein Pulver enthielten; in jeder Patrone gab es indes einen Würfel. Der besagte Vadell erklärte, er benutze die Patronen, um sich bei der Suche nach den Würfeln im Säckchen nicht verheddern zu müssen. Er lade die Flinte mit Würfeln und Schrotkörnern, weil der Würfel neben seiner Wirksamkeit beim Auftreffen auf den menschlichen Körper die Schrotkörner besser verteile. So sei der Schuss sicherer, und beim Austreten aus der getroffenen Person zerfetze er das Fleisch und vergrößere die Wunde …«

Vadell wurde ins bischöfliche Gefängnis Sant Miquel nach Palma gebracht und in die Grube des Torre Bufera »gesperrt«. Vor sich sah er das Gespenst des Galgens, sobald ihn die geistliche Macht der weltlichen übergeben hatte, denn diese hatte nur im Namen jener gehandelt.

Alsdann begann ein hinterlistiger Kompetenzstreit: Nachdem sie sich der königlichen Behörden bedient hatte, wies die bischöfliche Kurie Vadell an, er solle sich schuldig bekennen, damit es zu keinem Strafverfahren komme. So werde ein weiterer Präzedenzfall weltlicher Einmischung auf dem Gebiet der kirchlichen Vorrechte verhindert, wogegen er, so wurde dem Angeklagten mitgeteilt, sein Leben retten werde. Dieser stellte daraufhin folgenden Antrag: »Solange der Streit zwischen den beiden Kurien darüber anhält, ob er die Immunität der Katholischen Apostolischen und Römischen Kirche genieße, versteht der Bittsteller, dass die besagte Immunität auf ihn zutrifft, doch um den anderen möglichen Fall zu vermeiden, würde er die lebenslängliche Galeerenstrafe annehmen und nur in diesem Falle auf die besagte Immunität verzichten.«

So geschah es: »die 27 mensis Augusti anni a Nativitate Domini 1689« gab das Gericht dem Gesuch statt und verurteilte Jaume Vadell dazu, »sein ganzes Leben lang als Ruderer in den Galeeren Seiner Majestät, die Gott schützen möge, zu dienen.«

An einem Tag trägen schweren Meeres wurde Jaume Vadell an eine Sträflingskette angeschlossen und mit einer kleinen Feluke zur Galeere gebracht, wo ihm die Fußeisen angelegt werden sollten. Er sah sie aus der Ferne, gegenüber dem Turm von Porto Pi in Palma, wie sie sich lang und schlank im Takt der Wellen wiegte. Es war die »Santa Eulària Catalana«, deren Maße und Eigenschaften in den Büchern des Seehandelsgerichts vermerkt waren: vierzig Meter Kiellänge, Takelwerk aus Lateinsegel, fünf Männer pro Ruder ... Während sie näher kamen, konnte Jaume

Vadell das Kapitänsbanner, das auf dem Achterdeck im Winde flatterte, ausmachen: drei kleine goldene Pferde auf schwarzem Hintergrund.

Jaume Vadell hatte die gehisste »Pferdchenfahne«, wie man sie im Dorf nannte, immer auf dem Turm von Son Capovara gesehen. Wie ein fröhliches Siegeszeichen wehte die Flagge, und durch die Bewegung hatte es den Anschein, als ob die winzigen, verwegenen Pferde über den Himmel galoppierten … Der Kapitän der »Santa Eulària Catalana« war Escolàstic de Capovara. Als Kind hatte Jaume Vadell, dessen Vater Hirte in Son Capovara war, oft mit Escolàstic gespielt. Dieser war später fortgegangen und heuerte bei der Flotte des Königs an. Die Familie Capovara, Nachfahren eines Neapolitaners, der Verwaltungsoffizier bei der Artillerie am Hofe Alfons' des Großherzigen gewesen war, zählte zur verarmten einheimischen Aristokratie.

Das Landgut Son Capovara war groß: Es begann im Tal von Andratx, zog sich durch die Niederungen von Galdana und über den Puig de La Santa und bog in Richtung Vall dels Marts ab. Liebliche Steineichenhaine, endlose Pinienwälder und unbewässertes Land, auf dem Johannisbrotbäume und Hülsenfrüchte gediehen, machten einen Großteil des Gutes aus. Das quadratische Stammhaus hatte hohe, erdfarbene Mauern und eigensinnig verteilte Balkone und Fenster. Die Zinnen des Turmes thronten über den Dächern. Ein tiefer, düsterer Torbogen bildete den Eingang und führte zu einem gepflasterten Innenhof. Hinter die glatten, hohen Wände verirrte sich nie ein Sonnenstrahl. Die Mauern der Fassade verliehen dem einsam inmitten der Ebene gelegenen Haus den Eindruck klösterlicher Abgeschiedenheit.

Im Inneren war es ein Labyrinth aus Treppen, Etagen und geräumigen Sälen. Während ich diese kollektive Erinnerung verfasse, werde ich noch oft auf die Gänge und Zimmer Son Capovaras zu sprechen kommen, auf ihr fernes Schweigen und auf den Hof, an dessen Pflastersteinen sich dunkler, dicker Schimmel festgesetzt hatte … Im hinteren Teil lag eine weitläufige Terrasse vor dem Garten; Begonien, Bougainvillea, riesige Zwergpalmen, Kakteen und ein Springbrunnen in der Mitte. Dann folgte der Zitronenhain, der sich bis zum Wildbach hinzog. Die Reihen hoher, zitternder Ulmen an seinem Ufer waren im Frühling voll von rot-schwarzen Schmetterlingen mit gold-grünem Schimmer … Während sich Herr Escolàstic an Bord des Schiffes befand, lebten in Son Capovara seine Gattin, Frau Elena, von zarter Statur und mit maisfarbenem Haar, zahnlos nach einem Typhus; seine Töchter Úrsula und Maciana sowie sein Sohn Alexandre, ein großer, sanft aussehender Mann. Bei schönem Wetter ging die Familie jeden Nachmittag bis zum Wildbach spazieren, um das Davoneilen des Wassers zu betrachten und dem Spiel seines Gemurmels unter der undurchdringlichen Brombeerbrücke zu lauschen.

Im Jahre 1692 erschien der Gemeindevorsteher auf dem Hof von Son Capovara, und unter bedeutungsschwerem Hüsteln musste er bekannt geben, dass die »Santa Eulària Catalana« im Verlaufe eines hitzigen Gefechts in den Gewässern um Gibraltar von den Berbern gekapert worden war. Die Besatzung war tot oder gefangen und an einen unbekannten Ort nach Nordafrika verschleppt worden. Die Mercedarier hatten mitgeteilt, dass die unter Umständen überlebende Mannschaft auf keinem der Sklavenmärkte, zu denen der Orden Zugang hatte, zur Versteigerung feilgeboten würde.

Die Frau fiel in Ohnmacht, der Sohn verkündete, er werde seinen Vater rächen, die Töchter fielen einander, blind vor Tränen, um den Hals … Eine Herde Schafe kam langsam und unter Schellengeläut zwischen den Johannisbrotbäumen hervor …

AGATHA CHRISTIE
Paradies Pollensa

Das Schiff von Barcelona nach Mallorca brachte Mr. Parker Pyne in den frühen Morgenstunden nach Palma – und schon begannen die Enttäuschungen. Alle Hotels waren voll! Das Beste, was man ihm anbieten konnte, war eine muffige Kammer zum Innenhof eines Hotels in der Stadtmitte – und das wollte Mr. Parker Pyne auf keinen Fall. Der Hotelbesitzer zeigte sich ungerührt.

»Was wollen Sie?« meinte er mit einem Achselzucken.

Palma war gerade ausgesprochen in Mode! Der Wechselkurs war sehr günstig. Die ganze Welt – Engländer, Amerikaner – kam im Winter nach Mallorca. Alles war überfüllt. Es war kaum anzunehmen, dass der Engländer woanders noch etwas bekäme – außer vielleicht in Formentor, wo die Preise so gigantisch waren, dass sogar die Fremden dagegen protestierten.

Mr. Parker Pyne trank einen Kaffee und aß ein Brötchen und wollte dann die Kathedrale besichtigen, aber er war nicht in der Stimmung, architektonische Schönheiten zu genießen. Als Nächstes hatte er eine Unterhaltung mit einem freundlichen Taxifahrer in schlechtem Französisch und Insel-Spanisch. Man sprach über Vor- und Nachteile von Soller, Alcudia, Pollensa und Formentor – wo es schöne, aber sehr teure Hotels gebe.

Mr. Parker Pyne wollte unbedingt wissen, wie teuer.

Man verlange dort einen Betrag, der geradezu absurd sei, sagte der Taxifahrer. War es nicht so, dass die Engländer vor allem wegen der vernünftigen Preise hierherkamen?

Mr. Parker Pyne sagte, das stimme natürlich, aber trotzdem: Wie viel wurde in Formentor tatsächlich verlangt?

Eine unglaubliche Summe!

Also gut – aber wie viel genau?

Der Fahrer entschloss sich endlich, mit Zahlen herauszurücken.

Da er gerade frisch geschröpft aus Hotels in Jerusalem und Ägypten kam, beeindruckte die Zahl Mr. Parker Pyne nicht allzu sehr.

Man wurde handelseinig. Mr. Parker Pynes Koffer wurden nachlässig auf das Taxi geladen, und los ging die Inselrundfahrt, um unterwegs eventuell ein billiges Hotel zu finden – mit dem Endziel Formentor.

Aber sie erreichten nie dieses Eldorado der Plutokratie, denn nach der Fahrt durch die engen Straßen von Pollensa kamen sie über die kurvenreiche Küstenstrecke zum Hotel *Pino d'Oro* – einem kleinen Haus am Meer, dessen Anblick im nebligen Dunst dieses schönen Morgens an die exquisite Verschwommenheit eines japanischen Drucks erinnerte. Sofort wusste Mr. Parker Pyne, dass es das war, was er suchte. Er ließ anhalten und ging durch das bemalte Tor in der Hoffnung, hier eine Unterkunft zu finden.

Das ältere Paar, dem das Hotel gehörte, konnte weder Englisch noch Französisch. Trotzdem ließ sich alles zufriedenstellend regeln. Mr. Parker Pyne bekam ein Zimmer mit Blick aufs Meer, die Koffer wurden ausgeladen, der Fahrer gratulierte ihm, weil er die absurden Preise »dieser neuen Hotels« umgangen hatte, erhielt sein Trinkgeld und fuhr mit einem fröhlichen spanischen Gruß von dannen.

Mr. Parker Pyne sah auf die Uhr und stellte fest, dass es erst Viertel vor zehn war, ging hinaus auf die kleine Terrasse, die jetzt in der strahlenden Morgensonne lag, und bestellte heute zum zweiten Mal Kaffee und Brötchen.

Da standen vier Tische, sein eigener, einer, von dem gerade das Geschirr abgetragen wurde, und zwei, an denen noch Gäste saßen. An dem einen in seiner Nähe frühstückte eine deutsche Familie – Vater, Mutter und zwei ältere Töchter. Hinter ihnen, in der Ecke der Terrasse, saß eine unverkennbar englische Mutter mit ihrem Sohn.

Die Dame war etwa fünfundfünfzig. Sie hatte gepflegtes, graues Haar, war geschmackvoll, aber nicht modisch gekleidet in Tweedmantel und -rock – und zeigte jenes ausgeprägte Selbstbewusstsein einer Engländerin, die gewohnt ist viel im Ausland zu reisen.

Der junge Mann, der ihr gegenübersaß, mochte vielleicht fünfundzwanzig sein und war ebenfalls typisch für seine Klasse und sein Alter. Er sah weder gut noch schlecht aus, war weder groß noch klein. Er stand offensichtlich in bestem Einvernehmen mit seiner Mutter – sie scherzten miteinander, und er umsorgte sie in zuvorkommendster Weise.

Als sie sprachen, fiel ihr Blick auf Mr. Parker Pyne. Sie sah gekonnt über ihn hinweg, aber er wusste, dass er registriert und etikettiert worden war.

Er war treffsicher als Engländer eingestuft worden, und zweifellos würde nach Verstreichen einer Anstandsfrist eine unverbindliche Bemerkung an ihn gerichtet werden.

Mr. Parker Pyne hatte weiter nichts dagegen. Im Ausland neigten seine Landsleute dazu, ihn schnell zu langweilen, aber er war durchaus willens, diese Tageszeit leutselig zu verbringen. In einem kleinen Hotel konnte man sich schlecht völlig isolieren. Diese Dame hatte gewiss zumindest ausgezeichnete »Hotelmanieren«, wie er es nannte.

Der junge Engländer erhob sich, machte eine scherzhafte Bemerkung und ging ins Hotel. Die Dame nahm ihre Briefe und ihre Tasche und ließ sich auf einem Stuhl mit Blick zum Meer nieder. Sie schlug die *Continental Daily Mail* auf und wandte Mr. Parker Pyne den Rücken zu.

Als er den letzten Tropfen seines Kaffees trank, sah Mr. Parker Pyne in ihre Richtung und erstarrte augenblicklich. Er war alarmiert – seine friedlichen Ferien waren gefährdet! Dieser Rücken war entsetzlich ausdrucksvoll. In letzter Zeit hatte er viele solche Rücken kennengelernt. Diese Starre – die angespannte Körperhaltung! Ohne ihr Gesicht zu sehen, wusste er nur zu gut, dass die Augen von ungeweinten Tränen glänzten – dass die Frau jedoch mit äußerster Anstrengung Haltung bewahrte.

Mr. Parker Pyne erhob sich vorsichtig und zog sich wie ein verwundetes Tier ins Hotel zurück. Erst vor einer halben Stunde war er aufgefordert worden, seinen Namen in das Buch auf dem Pult einzutragen. Da stand fein säuberlich: C. Parker Pyne, London.

Ein paar Zeilen weiter oben entdeckte Mr. Parker Pyne die Eintragung: Mrs. R. Chester, Mr. Basil Chester – Holm Park, Devon.

Er nahm eine Feder und korrigierte *schnell* seine Unterschrift. Da stand jetzt – schlecht leserlich: Christopher

Pyne. Falls Mrs. R. Chester in Pollensa Bay unglücklich war, sollte es ihr jedenfalls nicht leicht gemacht werden, Mr. Parker Pyne zu konsultieren.

Immer wieder war er erstaunt, dass so viele Leute, die er im Ausland, traf, seinen Namen aus Zeitungsannoncen kannten. In England lasen jeden Tag viele tausend Menschen die *Times* und hätten ganz ehrlich geantwortet, diesen Namen noch nie in ihrem Leben gehört zu haben. Im Ausland las man die Zeitung wohl gründlicher, dachte er. Keine Kleinigkeit, nicht einmal die Anzeigenseiten, wurde übersehen.

Seine Ferien waren bereits wiederholt gestört worden. Er war schon mit einer ganzen Reihe von Problemen – von Mord bis Erpressung – konfrontiert worden. Aber auf Mallorca wollte er unbedingt seinen Frieden haben. Instinktiv spürte er, dass eine traurige Mutter diesen Frieden empfindlich stören könnte.

Mr. Parker Pyne ließ sich glücklich und zufrieden im *Pino d'Oro* nieder. Ein größeres Hotel lag in der Nähe, das *Mariposa*, wo ziemlich viele Engländer abgestiegen waren. Und es gab auch eine Künstlerkolonie in der Umgebung. Man konnte am Meer entlang bis zum nächsten Fischerdorf gehen, wo man sich in einer Cocktailbar traf und wo es ein paar Läden gab. Es war alles ganz friedlich und angenehm. Die Mädchen gingen in Hosen und hatten sich leuchtendbunte Tücher um den Oberkörper geschlungen. Junge Männer mit Baskenmützen auf ziemlich langem Haar diskutierten in *Mac's Bar* über Wert und Unwert abstrakter Kunst.

Am Tag nach Mr. Parker Pynes Ankunft richtete Mrs.

Chester höflich das Wort an ihn – einige konventionelle Bemerkungen über die Aussicht und das Wetter. Dann plauderte sie ein wenig mit der deutschen Dame über das Stricken, wechselte ein paar freundliche Sätze über die Traurigkeit der politischen Lage mit zwei dänischen Herren, die ihre Zeit vor allem mit Wandern verbrachten.

Mr. Parker Pyne hielt Basil Chester für einen sehr angenehmen jungen Mann. Er nannte Mr. Parker Pyne »Sir« und hörte sich höflich alles an, was der Ältere sagte. Manchmal nahmen die drei Engländer nach dem Abendessen zusammen den Kaffee. Nach dem dritten Tag verließ Basil die anderen stets nach etwa zehn Minuten, und Mr. Parker Pyne blieb mit Mrs. Chester allein zurück.

Sie sprachen über das Blumenzüchten, über den bedauerlichen Stand des englischen Pfunds, wie teuer Frankreich geworden war und über die Schwierigkeit, guten Nachmittagstee zu bekommen.

Jeden Abend, nachdem ihr Sohn verschwunden war, bemerkte Mr. Parker Pyne ein rasch unterdrücktes Zittern ihrer Lippen, von dem sie sich aber sofort erholte, und danach unterhielt man sich, freundlich plaudernd, über allgemeine Themen.

Aber nach und nach begann sie auch über Basil zu sprechen – wie gut er sich in der Schule gemacht hatte, wie ihn jedermann mochte und wie stolz sein Vater auf ihn wäre, wenn er noch lebte, wie dankbar sie sei, dass Basil nie »wild« gewesen war.

»Natürlich dränge ich ihn immer, mit jungen Menschen zusammenzukommen, aber offenbar ist er lieber bei mir.«

Sie sagte es mit hübsch bescheidener Selbstgefälligkeit.

Aber diesmal gab Mr. Parker Pyne nicht die übliche taktvolle Antwort, die ihm sonst so leicht fiel, sondern er sagte:

»Oh! Es scheinen ja viele junge Leute hier zu sein – nicht im Hotel, aber in der Umgebung.«

Er bemerkte, dass Mrs. Chester erstarrte. Natürlich seien hier eine Menge so genannter Künstler, erwiderte sie. Vielleicht sei sie sehr altmodisch – aber *richtige* Kunst sei doch wohl etwas ganz anderes. Viele junge Leute machten jetzt dergleichen als Ausrede für ihr Herumlungern und Nichtstun – und die Mädchen tränken viel zu viel.

Am folgenden Tag sagte Basil zu Mr. Parker Pyne:

»Ich bin schrecklich froh, dass Sie hier aufgetaucht sind, Sir – vor allem wegen meiner Mutter. Sie spricht gerne mit Ihnen am Abend.«

»Was haben Sie denn am Anfang gemacht?«

»Eigentlich spielten wir immer Pikett.«

»Ach so.«

»Man kriegt das Pikett natürlich ziemlich rasch über. Ich habe hier einige Freunde – ein sehr fröhlicher Haufen. Ich glaube nicht, dass meine Mutter das schätzt –« Er lachte, als halte er es für amüsant. »Meine Mutter ist sehr altmodisch … sogar Mädchen in Hosen schockieren sie!«

»Offenbar«, antwortete Mr. Parker Pyne.

»Ich sage ihr immer, dass man mit der Zeit gehen muss … Die Mädchen zu Hause sind schrecklich langweilig … «

»Ach so«, meinte Mr. Parker Pyne.

Das war ja interessant. Er war Zuschauer eines Minidramas, war aber nicht aufgerufen, darin mitzuspielen.

Aber dann geschah das Schlimmste – von Mr. Parker

Pynes Standpunkt aus. Eine überschwängliche Dame aus seinem Londoner Bekanntenkreis zog in das *Mariposa* ein. Sie trafen sich in einem Tea-Room in Anwesenheit von Mrs. Chester.

Die Neuangekommene rief:

»Was – ist das nicht Mr. Parker Pyne – der einzigartige Mr. Parker Pyne! Und Adela Chester! Kennt ihr euch? Ja, tatsächlich? Ihr wohnt im gleichen Hotel? Er ist der einzige wirkliche Zauberer, Adela – das Wunder des Jahrhunderts. Deine ganzen Schwierigkeiten lösen sich in nichts auf, während du still dasitzt und wartest. Was? Das hast du nicht gewusst? Du musst doch bestimmt von ihm gehört haben. Hast du nie seine Anzeigen gelesen? ›Sind Sie in Schwierigkeiten? Fragen Sie Mr. Parker Pyne.‹ Es gibt nichts, was er nicht könnte. Eheleute springen sich an die Gurgel, und er macht sie wieder sanft – wenn du die Lust am Leben verloren hast, sorgt er für die aufregendsten Abenteuer. Wie gesagt, der Mann ist einfach ein Zauberer!«

So ging es noch eine gute Weile weiter – Mr. Parker Pyne versuchte immer wieder durch kleine Zwischenbemerkungen seine Verdienste herunterzuspielen. Ihm gefiel der Blick nicht, mit dem Mrs. Chester ihn bedachte. Und er mochte noch weniger gern am Strand entlang zurückkehren und sich das Gerede der geschwätzigen Lobrednerin seiner Verdienste anhören.

Die Dinge spitzten sich schneller zu als erwartet. Noch am selben Abend sagte Mrs. Chester nach dem Kaffee ohne Übergang:

»Würden Sie bitte mit mir in den kleinen Salon gehen, Mr. Pyne. Ich möchte etwas mit Ihnen besprechen.«

Er konnte sich nur verbeugen und gehorchen.

Mit Mrs. Chesters Zurückhaltung war es zu Ende, als die Tür des kleinen Salons sich hinter ihnen schloss. Sie setzte sich und brach in Tränen aus.

»Mein Sohn, Mr. Parker Pyne. Sie müssen ihn retten. Wir müssen ihn retten. Es bricht mir das Herz!«

»Meine Liebe, als völlig Fremde ...«

»Nina Wycherley sagte, Ihnen sei nichts unmöglich. Sie sagte, ich könne größtes Vertrauen in Sie setzen. Sie riet mir, Ihnen alles zu sagen – dann würden Sie alles wieder in Ordnung bringen.«

Mr. Parker Pyne verfluchte innerlich die lästige Mrs. Wycherley.

Schicksalsergeben sagte er:

»Nun, sehen wir uns die Sache genauer an. Es handelt sich wohl um ein Mädchen?«

»Hat er Ihnen das erzählt?«

»Nur indirekt.«

Die Worte stürzten nur so aus Mrs. Chesters Mund. »Das Mädchen ist schrecklich. Es trinkt, redet ordinär, ist immer halbnackt. Seine Schwester wohnt da draußen – verheiratet mit einem Künstler, einem Holländer. Die ganze Atmosphäre dort ist unmöglich. Viele leben miteinander, ohne verheiratet zu sein. Basil hat sich völlig verändert. Er ist immer so ruhig gewesen, so interessiert an ernsten Themen. Er wollte sogar Archäologie studieren ...«

»Nun ja«, sagte Mr. Parker Pyne, »die Natur fordert ihr Recht.«

»Was soll das heißen?«

»Es ist nicht gesund für einen jungen Mann, nur an

ernsten Themen interessiert zu sein. Er sollte sich schon ein wenig austoben.«

»Sie scherzen, Mr. Pyne!«

»Ich scherze überhaupt nicht. Ist die junge Dame zufällig jene, mit der Sie gestern Tee tranken?«

Sie war ihm aufgefallen in ihrer grauen Flanellhose, dem leuchtend roten, lose um die Brust geschlungenen Tuch und dem grellrot geschminkten Mund. Außerdem hatte sie sich einen Cocktail bestellt statt Tee.

»Sie sahen sie? Schrecklich! Nicht die Art Mädchen, die Basil früher bewunderte.«

»Sie haben ihm nicht viel Gelegenheit gegeben, ein Mädchen zu bewundern, nicht wahr?«

»Ich?«

»Er ist immer lieber mit Ihnen zusammen gewesen. Das ist schlecht! Jedenfalls würde ich sagen, er wird es sich noch überlegen – falls Sie nicht dazwischenpfuschen.«

»Sie verstehen nicht: Er will das Mädchen heiraten – Betty Gregg –, sie sind verlobt.«

»Ist es schon so weit?«

»Ja. Mr. Parker Pyne, Sie müssen etwas tun. Sie müssen meinen Sohn vor dieser verheerenden Ehe bewahren. Sein ganzes Leben wäre ruiniert.«

»Niemand außer man selbst kann das eigene Leben ruinieren.«

»Bei Basil aber schon …«, sagte Mrs. Chester mit Nachdruck.

»Ich mache mir keine Sorgen um Basil.«

»Machen Sie sich etwa Sorgen um das Mädchen?«

»Nein, sondern um Sie. Sie haben aber etwas vergessen.«

Mrs. Chester sah ihn leicht indigniert an.

»Was bedeuten die Jahre zwischen zwanzig und vierzig? Man ist beschäftigt mit seinen Gefühlen, mit sich selbst. Das muss so sein. Das ist das Leben. Aber später verschieben sich die Akzente. Man denkt klarer, lernt beobachten, andere Menschen verstehen und erhält Einsichten in viele Zusammenhänge. Das Leben wird wirklich – bedeutungsvoll. Man sieht es als ein Ganzes. Nicht nur eine einzelne Szene, in der man gerade als Schauspieler agiert. Kein Mensch ist wirklich er selbst vor fünfundvierzig. Dann erst hat seine Individualität eine Chance.«

Mrs. Chester entgegnete: »Ich habe mich für Basil aufgeopfert. Er war *alles* für mich.«

»Nun, das ist bedauerlich. Dafür müssen Sie jetzt bezahlen. Lieben Sie ihn, so viel Sie wollen – aber Sie sind Adela Chester, denken Sie daran, eine eigenständige Persönlichkeit, nicht nur Basils Mutter.«

Er betrachtete ihre feinen Gesichtszüge, bemerkte den traurigen Ausdruck um ihren Mund. Sie war irgendwie eine liebenswerte Frau. Er wollte nicht, dass sie litt. Darum sagte er:

»Ich will sehen, was ich tun kann.«

Basil Chester war nicht nur bereit zu reden, er war geradezu begierig, seinen Standpunkt darzulegen.

»Diese Angelegenheit ist einfach höllisch. Mutter ist hoffnungslos – voller Vorurteile, engstirnig. Wenn sie es nur versuchte, dann würde sie bald merken, was für ein feiner Kerl Betty ist.«

»Und Betty?«

Er seufzte.

»Betty ist verdammt schwierig! Wenn sie sich nur ein wenig anpassen würde – ich meine, zum Beispiel den Lippenstift mal einen Tag lang weglassen –, würde das schon viel ausmachen. Sie muss aber alles übertreiben, um – modern – zu sein, wenn Mutter in der Nähe ist.«

Mr. Parker Pyne lächelte.

»Betty und Mutter sind die liebsten Menschen auf der Welt. Ich dachte, sie müssten einander wunderbar verstehen.«

»Sie haben noch viel zu lernen, junger Mann«, sagte Mr. Parker Pyne.

»Ich würde mich freuen, wenn Sie Betty mal besuchten und mit ihr redeten.«

Mr. Parker Pyne nahm die Einladung bereitwillig an.

Betty und ihre Schwester samt Gatten wohnten in einer kleinen, vernachlässigten Villa etwas landeinwärts. Ihr Leben war von erfrischender Einfachheit. Das Mobiliar bestand aus drei Sesseln, einem Tisch, Betten und einem Wandschrank fürs Geschirr. Hans war ein nervöser junger Mann mit wildem blondem Haar, das ihm vom ganzen Kopf abstand. Er sprach sehr schlecht Englisch, das aber mit unglaublicher Geschwindigkeit, und ging dabei auf und ab. Stella, seine Frau, war klein und blond. Betty Gregg hatte rotes Haar, Sommersprossen und schelmische Augen. Es fiel sofort auf, dass sie heute nicht annähernd so aufgemacht war wie neulich im *Pino d'Oro*.

Sie schenkte ihm einen Cocktail ein und sagte mit einem Augenzwinkern:

»Sind Sie an der Verschwörung beteiligt?«

Mr. Parker Pyne nickte.

»Und auf wessen Seite stehen Sie, Big Boy? Auf der der jungen Liebenden – oder auf jener der missbilligenden alten Dame?«

»Darf ich Sie etwas fragen?«

»Natürlich.«

»Waren Sie immer sehr taktvoll in dieser Sache?«

»Überhaupt nicht«, gab Miss Gregg offen zu. »Aber die alte Katze hat mich kratzbürstig gemacht.« (Sie sah sich um, um sicherzugehen, dass Basil außer Hörweite war.) »Diese Frau macht mich ganz verrückt. Sie hat Basil jahrelang am Schürzenband geführt, dabei ist er wirklich nicht auf den Kopf gefallen. Sie ist so schrecklich *pukka sahib*.«

»Das ist ja nicht so schlimm. Es ist im Augenblick nur nicht gefragt.«

Betty Gregg zwinkerte plötzlich.

»Sie meinen, es ist etwa so wie Chippendale-Stühle auf den Boden zu stellen, weil jetzt Viktorianisch Mode ist? Dass man sie später wieder herunterholt und sagt: ›Sind die nicht reizend?‹«

»Etwa so.«

Betty Gregg überlegte.

»Vielleicht haben Sie Recht. Ich will ehrlich sein. Es war Basil, der mich gereizt hat – weil er so besorgt war, dass ich auch ja einen guten Eindruck auf seine Mutter mache. Das brachte mich auf die Palme. Sogar jetzt noch glaube ich, er könnte mich aufgeben – wenn seine Mutter nicht aufhört, ihn zu bearbeiten.«

»Das wäre möglich«, stimmte Mr. Parker Pyne ihr zu. »Wenn sie es richtig anpackt.«

»Werden Sie ihr sagen, wie sie es anpacken soll? Von allein kommt sie nämlich nicht drauf, das wissen Sie ganz genau. Sie wird sich nur weiter abfällig äußern, und das zieht nicht. Aber wenn Sie sie instruieren …«

Sie biss sich auf die Lippe und sah ihn mit großen blauen Augen an.

»Ich habe von Ihnen gehört, Mr. Parker Pyne. Sie besitzen den Ruf, etwas von der menschlichen Seele zu verstehen. Glauben Sie, dass Basil und ich zueinander passen – oder nicht?«

»Ich hätte gern Antwort auf drei Fragen.«

»Eignungstest? Also gut, schießen Sie los!«

»Schlafen Sie bei offenem oder geschlossenem Fenster?«

»Offenem. Ich liebe frische Luft.«

»Essen Basil und Sie gern dasselbe?«

»Ja.«

»Gehen Sie lieber früh oder spät schlafen?«

»Eigentlich lieber früh. Um halb elf fange ich an zu gähnen, und in Wahrheit fühle ich mich sehr unternehmungslustig am frühen Morgen – aber natürlich gebe ich das nicht zu.«

»Sie könnten ganz gut zueinander passen.«

»Ein sehr oberflächlicher Test.«

»Überhaupt nicht. Ich kenne mindestens sieben Ehen, die völlig kaputt sind, weil der Gatte bis Mitternacht hellwach und die Gattin um halb zehn todmüde ist bzw. umgekehrt.«

»Es ist zu schade, dass wir nicht alle glücklich sein können«, sagte Betty. »Basil und ich und seine Mutter, die uns ihren Segen gibt.«

Mr. Parker Pyne räusperte sich.

»Es könnte sein, dass sich das einrichten lässt.«

Sie sah ihn zweifelnd an.

»Da bin ich aber wirklich neugierig.«

Mr. Parker Pynes Gesicht verriet nichts.

Mrs. Chester gegenüber äußerte er sich besänftigend, aber unbestimmt. Eine Verlobung war noch keine Heirat. Er reiste für eine Woche nach Soller und schlug ihr vor, eine unverbindliche Haltung einzunehmen und alles scheinbar ruhig mit anzusehen.

Er verbrachte eine sehr amüsante Woche in Soller.

Bei seiner Rückkehr fand er eine total unerwartete Situation vor.

Als er ins *Pino d'Oro* kam, sah er als erstes Mrs. Chester und Betty Gregg miteinander beim Tee sitzen. Basil war nicht da. Mrs. Chester sah mitgenommen aus. Auch Betty wirkte bleich. Sie war kaum zurechtgemacht, und ihre Augenlider sahen aus, als ob sie geweint hätte.

Sie grüßten ihn freundlich, aber keine von beiden erwähnte Basil.

Plötzlich spürte er, wie Betty den Atem anhielt, als habe etwas sie verletzt. Mr. Parker Pyne wandte den Kopf.

Basil Chester kam die Treppe vom Meer herauf und mit ihm ein Mädchen von derart exotischer Schönheit, dass es einem wirklich den Atem verschlug. Sie war dunkel und hatte eine makellose Figur. Niemand konnte übersehen, dass sie unter ihrem Kleid aus blassblauem Krepp nichts trug, Sie war dunkel gepudert und hatte einen leuchtend orange geschminkten Mund – aber die Schminke betonte nur noch ihre außergewöhnliche Schönheit. Der junge

Basil schien die Augen nicht mehr von ihr wenden zu können.

»Du bist sehr spät, Basil«, sagte seine Mutter.»Du wolltest mit Betty zu *Mac* gehen.«

»Mein Fehler«, sagte die unbekannte Schöne affektiert. »Wir sind vom Weg abgekommen.« Sie wandte sich an Basil. »Darling – bring mir etwas Starkes.«

Sie schleuderte ihre Schuhe von den Füßen und bewegte ihre manikürten Zehen, deren leuchtendes Grün zur Farbe der Fingernägel passte.

Die beiden Frauen beachtete sie nicht, wandte sich aber Mr. Parker Pyne zu.

»Schreckliche Insel«, sagte sie.»Ich bin fast gestorben vor Langeweile, bevor ich Basil traf. Er ist wirklich reizend.«

»Mr. Parker Pyne – Miss Ramona«, sagte Mrs. Chester.

Das Mädchen nahm die Vorstellung mit müdem Lächeln zur Kenntnis. »Vermutlich werde ich Sie sehr bald Parker nennen«, flüsterte sie. »Ich heiße Dolores.«

Basil kam mit den Drinks zurück. Miss Ramona teilte ihre Konversation (oder genauer gesagt: ihr Lächeln und ihre Blicke) zwischen Basil und Mr. Parker Pyne. Von den beiden Frauen nahm sie überhaupt nicht Notiz. Betty versuchte ein- oder zweimal, sich am Gespräch zu beteiligen, aber die andere starrte sie einfach an und gähnte.

Plötzlich erhob sich Dolores.

»Ich glaube, ich muss jetzt gehen. Ich wohne im anderen Hotel. Kommt jemand mit?«

Basil sprang auf.

»Ich begleite Sie.«

Mrs. Chester sagte: »Mein lieber Basil …«

»Ich bin sofort zurück, Mutter.«

»Ist er nicht ein Muttersöhnchen?«, fragte Miss Ramona ganz offen in die Runde. »Springt immer um Sie herum, nicht wahr?«

Basil wurde rot. Miss Ramona nickte in Mrs. Chesters Richtung, warf Mr. Parker Pyne einen aufreizenden Blick zu und verließ dann mit Basil das Haus.

Nachdem sie fort waren, herrschte eine ungute Stille.

Mr. Parker Pyne wollte nicht als Erster sprechen. Betty Gregg knetete ihre Hände und blickte aufs Meer. Mrs. Chesters Gesicht hatte sich vor Wut gerötet.

Betty sagte: »Nun, was halten Sie von unserer neuen Eroberung in Pollensa Bay?« Ihre Stimme klang etwas brüchig.

Mr. Parker Pyne bemerkte vorsichtig:

»Ein wenig – eh – exotisch.«

»Exotisch?« Betty lachte kurz und bitter auf.

Mrs. Chester meinte: »Sie ist schrecklich – schrecklich! Basil muss völlig verrückt sein.«

Betty sagte scharf: »Basil ist schon in Ordnung.«

»Ihre Zehennägel«, sagte Mrs. Chester etwas hilflos.

Betty erhob sich plötzlich.

»Mrs. Chester, ich glaube, ich gehe jetzt nach Hause und bleibe zum Essen nicht hier.«

»Ach, meine Liebe – Basil wird so enttäuscht sein.«

»Glauben Sie?«, fragte Betty kurz auflachend. »Ich gehe trotzdem. Ich habe ziemlich Kopfweh.«

Sie lächelte ihnen beiden zu und ging. Mrs. Chester wandte sich an Mr. Parker Pyne.

»Ich wollte, wir wären nie hierher gekommen – nie!«

Mr. Parker Pyne schüttelte nur traurig den Kopf.

»Sie hätten nicht weggehen sollen. Wenn Sie hier gewesen wären, wäre das nicht geschehen.«

Mr. Parker Pyne musste antworten.

»Meine Liebe, ich kann Ihnen versichern, dass ich – wenn es um schöne Frauen geht – sowieso keinen Einfluss auf Ihren Sohn hätte. Er – eh – scheint dafür sehr empfänglich zu sein.«

»Das war früher nicht so«, klagte Mrs. Chester unter Tränen.

»Immerhin«, sagte Mr. Parker Pyne mit einem Anflug von Heiterkeit. »Diese neue Attraktion scheint ja seine Vorliebe für Miss Gregg gedämpft zu haben. Das muss doch eine Genugtuung sein.«

»Ich weiß nicht, wovon Sie reden«, antwortete Mrs. Chester. »Betty ist ein liebes Kind und liebt Basil sehr. Sie benimmt sich ganz fabelhaft. Ich glaube, mein Sohn ist verrückt.«

Mr. Parker Pyne nahm diesen auffallenden Wechsel in ihren Ansichten ohne Wimpernzucken zur Kenntnis. Schon des öfteren war er weiblichem Wankelmut begegnet. Daher sagte er nur:

»Nicht direkt verrückt – nur verhext.«

»Diese Person ist ein Drachen. Sie ist unmöglich.«

»Sieht aber fabelhaft aus.«

Mrs. Chester schnaubte.

Basil kam die Treppe vom Meer heraufgerannt.

»Hallo, Mutter, da bin ich. Wo ist Betty?«

»Betty ist mit Kopfweh nach Hause gegangen. Es wundert mich nicht.«

»Beleidigt, willst du sagen.«

»Basil, ich finde, dass du außerordentlich unfreundlich zu Betty bist.«

»Um Himmels willen, Mutter, übertreib nicht. Wenn Betty jedesmal ein solches Theater macht, wenn ich mit einer anderen spreche, dann werden wir ja einem heiteren Leben entgegengehen!«

»Du bist verlobt.«

»Ja gut, wir sind verlobt. Das heißt aber doch nicht, dass nicht auch jeder seine eigenen Freunde haben darf. Heutzutage muss jeder sein eigenes Leben führen können und versuchen, sich die Eifersucht abzugewöhnen.«

Er hielt inne.

»Schau, wenn Betty nicht mit uns essen will, gehe ich lieber ins *Mariposa*. Man hat mich gebeten, zum Abendessen zu bleiben … «

»O Basil!«

Der Junge warf ihr einen verzweifelten Blick zu und rannte dann die Stufen hinunter.

Mrs. Chester sah Mr. Parker Pyne beredt an.

»Da sehen Sie es.«

Er sah.

Ein paar Tage später trieb die Krise ihrem Höhepunkt entgegen. Betty und Basil hatten sich zu einem längeren Spaziergang verabredet und wollten den Lunch mitnehmen. Betty kam ins *Pino d'Oro* und sah, dass Basil das gemeinsame Vorhaben vergessen hatte und für den ganzen Tag mit Dolores Ramonas Clique nach Formentor gefahren war.

Ihre Lippen waren fest zusammengepresst, aber sonst war dem Mädchen nichts anzusehen. Plötzlich stand Betty auf und trat neben Mrs. Chester (die beiden Frauen waren allein auf der Terrasse).

Sie streifte den Siegelring vom Finger, den Basil ihr gegeben hatte – den richtigen Verlobungsring hatte er erst später kaufen wollen.

»Würden Sie ihm diesen Ring bitte zurückgeben, Mrs. Chester, und ihm sagen, es sei schon in Ordnung – er brauche sich keine Gedanken zu machen …«

»Meine liebe Betty, bitte nicht! Er liebt Sie wirklich.«

»Das sieht man ja, nicht wahr?«, sagte das Mädchen. »Nein – ich habe auch meinen Stolz. Sagen Sie ihm, es sei schon recht so und dass ich ihm – Glück wünsche.«

Als Basil abends zurückkehrte, erwartete ihn ein Sturm.

Er wurde ein wenig rot beim Anblick seines Rings.

»So sieht sie die Sache also an? Na gut, vielleicht ist es am besten so.«

»Basil!«

»Nun, offen gestanden, Mutter, wir haben uns in letzter Zeit nicht mehr so besonders gut verstanden.«

»Wessen Fehler war das?«

»Meiner gewiss nicht. Eifersucht ist grässlich, und ich sehe wirklich nicht ein, warum du dich darüber so aufregst. Du hast mich selbst gebeten, Betty nicht zu heiraten.«

»Das war, bevor ich sie kannte. Basil – mein Lieber –, du denkst doch nicht etwa daran, diese … diese … Kreatur zu heiraten?«

Basil Chester sagte trocken:

»Ich würde sie auf der Stelle heiraten, wenn sie mich haben wollte – aber ich fürchte, sie wird mich nicht nehmen.«

Kalte Schauer glitten Mrs. Chester über den Rücken. Sie

suchte und fand Mr. Parker Pyne, der friedlich in einer geschützten Ecke saß und in einem Buch las.

»Sie müssen etwas unternehmen. Sie müssen etwas tun! Das Leben meines Jungen wird ruiniert.«

Mr. Parker Pyne hatte Basil Chesters ruiniertes Leben allmählich satt.

»Was kann ich tun?«

»Bitte sprechen Sie mit dieser schrecklichen Kreatur. Falls notwendig, bieten Sie ihr Geld an.«

»Das könnte aber teuer werden.«

»Ist mir egal.«

»Das ist schade. Es gibt aber vielleicht noch einen anderen Weg.«

Sie sah ihn fragend an. Er schüttelte den Kopf.

»Ich verspreche nichts – aber ich will sehen, was sich tun lässt. Ich hatte schon ähnliche Fälle. Übrigens – kein Wort zu Basil, das wäre fatal.«

»Natürlich nicht.«

Mr. Parker Pyne kehrte um Mitternacht vom *Mariposa* zurück. Mrs. Chester wartete auf ihn.

»Nun?«, fragte sie atemlos.

Seine Augen zwinkerten.

»Die Señorita Dolores Ramona wird die Insel morgen verlassen.«

»Oh, Mr. Parker Pyne! Wie ist Ihnen das nur gelungen?«

»Es hat keinen Penny gekostet«, sagte Mr. Parker Pyne. Er blinzelte wieder. »Ich habe mir schon so halb und halb gedacht, dass ich Einfluss auf sie haben würde – und es stimmte.«

»Sie sind wunderbar. Nina Wycherley hatte völlig Recht.

Sie müssen mir sagen – eh – wie viel …«

Mr. Parker Pyne hob abwehrend seine sorgfältig manikürte Hand.

»Keinen Penny. Es war mir ein Vergnügen. Ich hoffe, alles geht gut. Natürlich wird der Junge zuerst außer sich sein, wenn er entdeckt, dass sie spurlos verschwunden ist. Gehen Sie in den nächsten Wochen sanft mit ihm um!«

»Wenn nur Betty ihm verzeiht.«

»Natürlich wird sie ihm verzeihen. Sie sind ein hübsches Paar. Übrigens reise ich ebenfalls morgen ab.«

»Oh, Mr. Parker Pyne, wir werden Sie vermissen.«

»Vielleicht sollte ich gehen, bevor Ihr Sohn sich in ein drittes Mädchen verliebt.«

Mr. Parker Pyne lehnte sich über die Reling des Dampfers und sah auf die Lichter von Palma. Neben ihm stand Dolores Ramona. Er sagte anerkennend:

»Das haben Sie sehr gut gemacht, Madeleine. Ich bin froh, dass ich Sie kommen ließ.«

Madeleine de Sara alias Dolores Ramona alias Maggie Sayers sagte sofort: »Und ich bin froh, dass es geklappt hat, Mr. Parker Pyne. Es war eine nette, kleine Abwechslung. Ich glaube, ich gehe jetzt in meine Kabine, bevor das Schiff ablegt. Ich werde leicht seekrank.«

Ein paar Minuten später legte sich eine Hand auf Mr. Parker Pynes Schulter. Er wandte sich um und sah Basil Chester.

»Ich möchte mich von Ihnen verabschieden, Mr. Parker Pyne, Ihnen schöne Grüße von Betty ausrichten und meinen herzlichen Dank aussprechen. Das war eine große

Nummer von Ihnen! Betty und Mutter verstehen sich ausgezeichnet. Eigentlich eine Schande, die alte Dame so zu täuschen – aber sie wurde wirklich schwierig. Auf jeden Fall ist jetzt alles in Ordnung. Ich muss vorsichtig sein und das Beleidigtsein noch eine Weile aufrechterhalten. Wir sind Ihnen unendlich dankbar, Betty und ich.«

»Ich wünsche Ihnen alles Glück der Erde«, sagte Mr. Parker Pyne.

»Danke.«

Nach einer Pause sagte Basil mit etwas zu betonter Beiläufigkeit.

»Ist Miss – Miss de Sara – irgendwo in der Nähe? Ich möchte ihr auch noch danken.«

Mr. Parker Pyne warf ihm einen neugierigen Blick zu. »Nein, ich glaube, Miss de Sara ist zu Bett gegangen.«

»Oh, schade – nun, vielleicht sehe ich sie mal in London.«

»Kaum. Sie geht gleich anschließend für mich geschäftlich nach Amerika.«

»Oh!« Basil klang enttäuscht. »Nun, ich werde darüber hinwegkommen.«

Mr. Parker Pyne lächelte. Auf dem Weg zu seiner Kabine klopfte er an Madeleines Tür.

»Wie geht es Ihnen, meine Liebe? Gut? Unser junger Freund war hier. Der übliche leichte Anfall von Madeleinitis. Er wird es in ein oder zwei Tagen überstanden haben, aber Sie sind auch wirklich zu verführerisch.«

Nachweis

Falk et al., *Urlaub mit Punkt Punkt Punkt*. Copyright © 2012, Rowohlt Verlag GmbH, Hamburg.

George Sand (1804, Paris – 1876, Nohant)
In der Kartause von Valldemossa (Titel von den Herausgebern). Auszug aus: dies., *Ein Winter auf Mallorca.* Die Rechte an der deutschen Übersetzung liegen beim Anaconda Verlag, München, in der Penguin Random House Verlagsgruppe GmbH. Aus dem Französischen von Carolin Wiedemeyer.

Hansjörg Schneider (*1938, Aarau)
Menorca. Aus: ders., *Im Café und auf der Straße.* Geschichten. Copyright © 2019, Diogenes Verlag AG Zürich.

Gertrude Stein (1874, Allegheny West – 1946, Neuilly-sur-Seine)
Exil in Palma (Titel von den Herausgebern). Auszug aus: dies., *Autobiographie von Alice B. Toklas.* Erschienen in der Arche Literatur Verlag AG, Zürich – Hamburg, 1959. Copyright der deutschsprachigen Übersetzung © by Erben Elisabeth Schnack. Aus dem Amerikanischen von Elisabeth Schnack.

Heinrich Steinfest (*1961, Albury)
Verschwunden in Palma (Titel von den Herausgebern). Auszug aus: ders., *Der schlaflose Cheng. Sein neuer Fall.* Copyright © 2019 Piper Verlag GmbH, München.

Martin Suter (*1948, Zürich) & Benjamin von Stuckrad-Barre (*1975, Bremen)
Ibiza. Aus: dies., *Alle sind so ernst geworden.* Copyright © 2021, Diogenes Verlag AG Zürich.

Albert Vigoleis Thelen (1903, Süchteln am Niederrhein – 1989, Dülken am Niederrhein)
Führerlos in Palma (Titel von den Herausgebern). Auszug aus: ders., *Die Insel des zweiten Gesichts.* Copyright © 2005 List in der Ullstein Buchverlage GmbH, Berlin.

Gefährliche Ferien
Kanada

Geschichten von
Jakob Arjouni
Margaret Atwood
John Irving

Diogenes

Erzählungen
Ausgewählt von Christine Stemmermann
272 Seiten

Bären, Wölfe, reißende Flüsse: Im Land des Ahorns ist das Abenteuer garantiert. Eine unsanfte Landung und ersehnte Ruhe, die zur letzten Ruhestätte wird: All dies erleben – oder doch lieber davon lesen? Auf dem Sofa vom Aussteigen und der Wildnis zu träumen kann phantastisch sein. Es erzählen Jakob Arjouni, John Irving, Yann Martel und Margaret Atwood. Mit einer exklusiven Geschichte von Michael Mirolla.

Erzählungen
Ausgewählt von Silvia Zanovello
272 Seiten

Vor italienischen Traumkulissen lässt sich gut
leben – aber auch elendiglich sterben. Oder vor
Angst zittern. Doch nicht nur von Mafiabossen
und Kriminellen droht Gefahr, sondern auch von
Autofahrern und Badegästen. Geschichten aus
allen Ferienregionen des Bel Paese; von Donna
Leon, Andrea De Carlo, Carlo Lucarelli und
vielen mehr.

Erzählungen
Ausgewählt von Silvia Zanovello
288 Seiten

Wem Sommer, Sonne, Strand oder das Athen der
Antike zu langweilig sind, der wird hier den Kick
finden, der aus einem normalen Urlaub ein Erlebnis macht. Dafür sorgen Vea Kaiser, Jeffrey
Eugenides, W. Somerset Maugham, Christos
Ikonomou, Nikos Kazantzakis, Michaela Prin-
zinger, Andreas Schäfer, Urs Widmer und viele
andere. Mit einer Exklusivgeschichte von Petros
Markaris.

Roman
256 Seiten
Auch erhältlich als eBook, Hörbuch und Hörbuch-Download

Ein Sommer in Spanien, nach dem nichts mehr so sein kann, wie es war. Vier äußerst unterschiedliche Menschen, alle auf der Suche nach der Sonnenseite des Lebens. Aber kann man das Glück buchen wie einen Urlaub, alles inklusive? Ein herzzerreißend komischer Roman über Mütter und Töchter, über die Zumutungen der Liebe und das Glück der Freundschaft, und über unsere ewige Sehnsucht nach dem Süden.

Geschichte
256 Seiten
Auch erhältlich als eBook, Hörbuch und Hörbuch-Download

Nicht nur um Mord geht es in diesen Geschichten, auch wenn selten alles glimpflich abgeht. Denn keine Idylle ohne Engelszungen – und falsche Zungen. Zwischen Kleinkrieg und Kindersegen suchen sonderbare Leute nach Liebesglück.

Martin Suter
Benjamin von Stuckrad-Barre
*Alle sind
so ernst
geworden*

Diogenes

Gespräch
272 Seiten
Auch erhältlich als eBook und Hörbuch-Download

Martin Suter und Benjamin von Stuckrad-Barre unterhalten sich über: Badehosen, Glitzer, Äähm, Hochzeiten, LSD, Teufel, Gott, Madonna, Arbeit, Ibiza, Kochen, Rechnungen, Siri, Fotos, Mundharmonika, Geldscheine, Verliebtheit, Wiedersehen.